Backen

UNSERE LIEBSTEN
KUCHEN UND TORTEN

Brigitte
KOCHBUCH-EDITION

Backen

UNSERE LIEBSTEN
KUCHEN UND TORTEN

EDEL

Inhaltsverzeichnis

Unsere besten Rezepte

Wer will guten Kuchen backen, der muss haben sieben Sachen: Eier und Schmalz, Butter und Salz, Milch und Mehl, Safran macht den Kuchen gehl! Außerdem empfehlen wir eine bunte Mischung unserer bewährten BRIGITTE-Rezepte mit noch viel mehr wunderbaren Zutaten – Ananas oder Zitrone, Marzipan oder Cappuccino, Quark oder Nüssen, und natürlich mit heißgeliebten Erdbeeren oder Schokolade. Alle absolut gelingsicher, so dass garantiert jeder Lust auf's Selberbacken bekommt.

Und das zu jeder Jahreszeit und zu jedem Anlass. Ob Sie guten Freunden einen saftigen Obstkuchen mit Beeren, Rhabarber oder Äpfeln servieren, eine Geburtstagsfeier oder ein Familienfest mit einer sahnigen Torte oder dem weltbesten Käsekuchen krönen (allein davon finden Sie in diesem Buch neun Varianten) oder sich und Ihren Liebsten den Nachmittag mit einem himmlischen Schokokuchen versüßen. Und für Backanfänger sind nicht nur unsere klassischen Kastenkuchen die letzte Rettung – es gibt sogar Rezepte, die kommen ganz ohne Backofen aus!

Rühren, kneten, belegen, verzieren – Backen ist schönste Handarbeit, und jeder Schritt ein Versprechen auf eine köstliche Belohnung. Wir sind uns sicher: Mit unseren Lieblingsrezepten werden Sie eine Menge Spaß haben. Beim Backen, beim Servieren und beim Genießen.

Obstkuchen

Die schönsten Früchte der Saison stecken
in diesen Köstlichkeiten: Begrüßen Sie
den Frühling mit Rhabarber als Tarte oder mit
Baiser, feiern Sie den Sommer mit saftigen
Beeren vom Blech oder in der Rolle, genießen
Sie den Herbst mit saftigen Apfelkuchen.
Wenn unsere üppigen Obstkuchen aus dem
Ofen kommen, bleibt nur noch die Frage:
dazu lieber Sahne oder Eis?

Rhabarbertarte

Sauer sucht weiße Schokocreme, zusammen sind sie das Dreamteam.
Am besten mit leuchtend rotem Himbeer-Rhabarber

ZUTATEN
12 Stücke

MÜRBETEIG
½ Vanilleschote
250 g Mehl
80 g Zucker
150 g kalte Butter
1 Ei
Mehl zum Ausrollen
1–2 EL Quittengelee
getrocknete Hülsenfrüchte
zum Vorbacken

SCHOKOLADENCREME
4–5 Blatt weiße Gelatine
½ Vanilleschote
150 ml Milch
150 g weiße Schokolade
300 g Schlagsahne

RHABARBER
600 g Rhabarber
80 g Zucker
200 ml Maracuja-Nektar oder
Orangensaft
evtl. 2–3 EL »Likör 43«
1 Päckchen helles Tortengusspulver

Ohne Wartezeit fertig in
1 Stunde 30 Minuten

Pro Stück
ca. 335 kcal, E 3 g,
F 23 g, KH 28 g

FÜR DEN MÜRBETEIG

➤ Vanilleschote längs aufschneiden, das Mark mit einem Messer herauskratzen. Mehl, Zucker, Butter in Flöckchen und Ei zunächst mit den Knethaken des Handrührers, dann mit den Händen zu einem glatten Teig verkneten. Abgedeckt für etwa 1 Stunde kalt stellen.

➤ Den Backofen auf 180 Grad, Umluft 160 Grad, Gas Stufe 3 vorheizen.

➤ Teig auf wenig Mehl etwa 3 mm dick zu einem Teigfladen ausrollen (nächste Seite, Foto 1). Tarte-Form (Ø 26 cm) damit auslegen, einen etwa 2–3 cm hohen Rand formen (Foto 2). Überstehende Teigränder abschneiden. Teig mit einer Gabel mehrmals einstechen, mit Backpapier auslegen, mit Hülsenfrüchten füllen (Foto 3).

➤ Im Ofen auf der mittleren Einschubleiste etwa 20 Minuten backen. Hülsenfrüchte und Papier entfernen, die Tarte weitere etwa 8–10 Minuten fertig backen.

FÜR DIE SCHOKOLADENCREME

➤ Gelatine in kaltem Wasser einweichen. Vanilleschote längs aufschneiden, das Mark mit einem Messer herauskratzen. Vanillemark, -schote, Milch und Schokolade erhitzen, bis sich die Schokolade aufgelöst hat (Foto 4). Alles lauwarm abkühlen lassen. Gelatine ausdrücken, in der lauwarmen Schokoladenmilch auflösen, kalt stellen.

FÜR DEN RHABARBER

➤ Stangen putzen, abspülen, eventuell abziehen (wenn die Schale zäh ist) und in 2–3 cm lange Stücke schneiden (Foto 5). Zucker in einem großen flachen Topf leicht karamellisieren lassen. Maracuja-Nektar vorsichtig dazugießen (Vorsicht, es spritzt!) und rühren, bis sich der Zucker aufgelöst hat (Foto 6). Etwa 5 Minuten köcheln lassen.

➤

•— Rhabarber und Likör zugeben, bei kleiner Hitze 3 Minuten dünsten, bis der Rhabarber knapp gar ist. Sud abgießen, Rhabarber beiseitestellen und erkalten lassen. Sobald die Schokoladenmilch anfängt, fest zu werden, Sahne steif schlagen und unterheben.

•— Teigboden dünn mit Gelee bestreichen (Foto 7), Schokocreme daraufstreichen (Foto 8). Für etwa 1 Stunde kalt stellen. Rhabarber auf der Creme verteilen (Foto 9).

FÜR DEN GUSS

•— Tortengusspulver und 2 EL Wasser verrühren, dann nach Packungsangabe Rhabarbersud abmessen und in einem Topf mit der Tortengusspulvermischung verrühren. Unter Rühren aufkochen lassen. Guss esslöffelweise über den Rhabarber geben, fest werden lassen.

Rhabarber-Baiser

Statt Rhabarber können Sie den Kuchen auch mit Stachel- oder Heidelbeeren belegen – so oder so ist er ein Traum!

ZUTATEN
24 Stücke

1200 g Rhabarber

TEIG
300 g weiche Margarine
oder Butter
300 g Zucker
2 Päckchen Vanillezucker
300 g Mehl
150 g Speisestärke
3 TL Backpulver
6 Eigelb
4 Eier

BAISER
6 Eiweiß
1 gute Prise Salz
350 g Zucker
2 TL Zitronensaft

→ Den Rhabarber putzen, abspülen und eventuell abziehen (wenn die Schale zäh ist). Die Stangen in etwa 3 cm lange Stücke schneiden.

→ Den Backofen auf 180 Grad, Umluft 160 Grad, Gas Stufe 3 vorheizen.

FÜR DEN TEIG

→ Margarine, Zucker und Vanillezucker in einer Schüssel mit den Quirlen des Handrührers hell und cremig schlagen. Mehl, Stärke und Backpulver mischen. Eigelb und Eier nach und nach unter die Margarinemischung rühren, dann esslöffelweise die Mehlmischung unterrühren. Teig in der mit Backpapier ausgelegten Fettpfanne des Ofens verstreichen.

→ Die Rhabarberstücke auf dem Teig verteilen. Kuchen im Ofen etwa 40 Minuten backen.

FÜR DEN BAISER

→ Eiweiß und Salz steif schlagen. Den Zucker langsam einrieseln lassen und weiterschlagen, bis er sich aufgelöst hat. Den Zitronensaft unterrühren. Den Baiser in einen Spritzbeutel mit großer Sterntülle füllen.

→ Das Backblech aus dem Ofen nehmen und den Baiser auf den Kuchen spritzen. Kuchen weitere 20 Minuten backen. Eventuell die Temperatur etwas herunterschalten, damit der Baiser nicht zu dunkel wird. Er sollte schön hell bleiben. Den Kuchen am besten frisch servieren und nicht in den Kühlschrank stellen, sonst wird der Baiser weich.

Fertig in
1 Stunde 30 Minuten

Pro Stück
ca. 310 kcal, E 5 g,
F 13 g, KH 43 g

Tipp

Ursprünglich kommt dieser Kuchen aus Wyk auf Föhr und wird dort in einer extragroßen Springform gebacken. Wir haben das Rezept für ein Backblech geändert.

Schneller geht's, wenn Sie die Baisermasse mit einem Esslöffel etwas wellig auf dem Kuchen verteilen.

Rhabarber-Crumble mit Pistazieneis

Ob in Tartelettes als Dessert oder in der großen Auflaufform für die Kaffeetafel – heißer Rhabarber mit süßen Streuseln geht immer!

ZUTATEN
8 Portionen

STREUSEL
120 g Mehl
3 EL kernige Haferflocken
90 g brauner Zucker
150 g kalte Butter

FÜLLUNG
700 g Rhabarber
2–3 EL brauner Zucker
Butter für die Formen
etwa 2 EL gesalzene Pistazienkerne zum Bestreuen
8 Kugeln Pistazien-Eiscreme

→ Den Backofen auf 200 Grad, Umluft 180 Grad, Gas Stufe 4 vorheizen.

FÜR DIE STREUSEL

→ Mehl, Haferflocken und Zucker mischen. Butter in kleinen Flöckchen dazugeben. Alles zunächst mit den Knethaken des Handrührers, dann mit den Händen zu einem krümeligen Teig verkneten. Kalt stellen.

FÜR DIE FÜLLUNG

→ Für die Füllung Rhabarber putzen, abspülen und in kleine Stücke schneiden. Mit Zucker mischen und in 8 kleine gefettete ofenfeste Formen geben.

→ Die Streusel darauf verteilen und im Backofen auf der mittleren Einschubleiste 25–30 Minuten backen, bis sie knusprig braun sind.

→ Pistazienkerne aus der Schale lösen. Den Rhabarber-Crumble mit Pistazieneis und -kernen servieren.

 Fertig in 50 Minuten

 Pro Portion
ca. 365 kcal, E 5 g,
F 21 g, KH 38 g

Tipp

*Dazu passt auch hervorragend Schlag-
sahne oder Vanilleeis.*

Windbeutel
MIT ERDBEERSAHNE

Wie gut, dass es so viele gibt! Unsere süßen Kleinen wandern nacheinander
direkt von der Hand in den Mund

ZUTATEN
etwa 30 Stück

BRANDTEIG
70 g Butter
1 Prise Salz
1 Päckchen Bourbon-Vanillezucker
150 g Mehl
4 Eier

FÜLLUNG
3 Blatt weiße Gelatine
250 g Erdbeeren
4 EL Puderzucker
100 g Schlagsahne
evtl. Puderzucker zum Bestäuben

 Ohne Wartezeit fertig in
1 Stunde

 Pro Stück
ca. 65 kcal, E 2 g,
F 4 g, KH 6 g

FÜR DEN BRANDTEIG

— ¼ l Wasser, Butter, Salz und Vanillezucker aufkochen. Das
Mehl auf einmal dazugeben und mit einem Kochlöffel rühren,
bis ein dicker glatter Teigkloß entstanden und ein heller Belag auf
dem Topfboden sichtbar ist (nächste Seite, Foto 1–2).

— Den Topf vom Herd nehmen und den Teig kurz abkühlen
lassen. Die Eier nacheinander mit einem Kochlöffel unterrühren.
Den Teig immer erst ganz glatt rühren, bevor das nächste Ei
dazukommt. So verbinden sich der feste Teig und die Eier besser
(Foto 3).

— Den Backofen auf 200 Grad, Umluft 180 Grad, Gas Stufe 4
vorheizen.

— Den Brandteig in einen Spritzbeutel mit großer Sterntülle füllen. Mit etwas Abstand etwa 2 cm große Teigtupfen auf mit Backpapier ausgelegte Backbleche spritzen (Foto 4). Die Windbeutel
im Ofen etwa 15–20 Minuten goldbraun backen.

— Die Windbeutel nach dem Backen sofort aufschneiden, das
geht am besten mit einem Sägemesser oder einer Küchenschere
(Foto 5). Die Hälften auseinandergeklappt ausdampfen lassen.
Wenn der Dampf entweichen kann, bleiben die Windbeutel richtig
schön knusprig.

FÜR DIE FÜLLUNG

— Die Gelatine in kaltem Wasser nach Packungsanweisung etwa
5 Minuten einweichen. Die Erdbeeren abspülen, trocken tupfen
und den Stielansatz herausschneiden. Erdbeeren und Puderzucker
mit dem Stabmixer pürieren.

— 2 EL Erdbeerpüree und 2 EL Wasser in einem kleinen Topf
kurz erwärmen. Vom Herd nehmen, die Gelatine gut ausdrücken

➤

Tipp

Die Windbeutel erst kurz vor dem Servieren mit der Creme füllen, weil der knusprige Teig schnell durchweicht und dann pappig schmeckt.

Ohne die Windbeutel ist die Creme übrigens ein tolles Dessert.

und unter Rühren darin auflösen (Foto 6). Gelatinemischung unter das restliche Erdbeerpüree rühren und für etwa 25 Minuten kalt stellen.

— Die Sahne steif schlagen. Sobald das Püree zu gelieren beginnt, gut durchrühren und die Sahne unterheben (Foto 7). Die Creme für etwa 1 Stunde kalt stellen.

— Creme in einen Spritzbeutel mit kleiner Lochtülle geben. Windbeutel kurz vor dem Servieren mit der Creme füllen und die Hälften wieder zusammenklappen (Foto 8). Auf einer Platte anrichten und mit etwas Puderzucker bestäuben.

Erdbeer-Schoko-Tartelettes

Die saftigen Beeren am besten erst kurz vor dem Servieren auf die Schokolade schichten. Sonst knuspert der Teig nicht mehr so schön

ZUTATEN
6 Stück

TEIG
225 g Mehl
50 g Zucker
1 Ei
100 g kalte Butter
1 Prise Salz
Fett und Mehl für die Förmchen

FÜLLUNG
180 g Zartbitter-Schokolade
(mind. 55 % Kakaogehalt)
je 1 TL Butter und Honig
400 g Erdbeeren
Puderzucker zum Bestäuben

 Ohne Wartezeit fertig in
1 Stunde

 Pro Stück
ca. 490 kcal, E 7 g,
F 27 g, KH 54 g

 Dazu Schlagsahne

FÜR DEN TEIG

— Mehl, Zucker, Ei, Butterflöckchen und Salz zunächst mit den Knethaken des Handrührers, dann mit den Händen zu einem glatten Mürbeteig verkneten. Abgedeckt etwa 1 Stunde kalt stellen.

— Den Backofen auf 200 Grad, Umluft 180 Grad, Gas Stufe 4 vorheizen.

— 6 kleine Quicheförmchen mit Hebeboden (Ø etwa 10 cm) fetten und mit Mehl bestäuben. Den Teig mit einer Reibe grob in die Förmchen raspeln. *Normalerweise wird Mürbeteig ausgerollt, ausgestochen und in die Form gedrückt. Hier wird er in die Förmchen geraspelt, weil er so einfacher zu verarbeiten ist.*

— Teig mit den Fingern gut andrücken und die Seiten hochziehen, dabei zügig arbeiten, damit der Teig nicht zu weich wird. Den Teigboden mit einer Gabel mehrmals einstechen. Förmchen auf den Backofenrost stellen und im Ofen auf der unteren Schiene etwa 15 Minuten goldbraun backen. Herausnehmen und auf einem Kuchengitter abkühlen lassen. Die Teigschalen aus den Förmchen lösen.

FÜR DIE FÜLLUNG

— Die Schokolade fein hacken. 1 EL davon für die Deko beiseitestellen. Restliche Schokolade, Butter und Honig in einer Schüssel im warmen Wasserbad schmelzen lassen. Die Böden der Teigschalen mit der Schokolade ausstreichen und fest werden lassen. Eventuell kurz in den Kühlschrank stellen, damit es schneller geht.

— Die Erdbeeren kurz abspülen, trocken tupfen und den Stielansatz herausschneiden. Erdbeeren in dünne Scheiben schneiden und in die Teigschalen einschichten. Erdbeeren erst zum Servieren in die Schälchen schichten, sonst weicht der Fruchtsaft den knusprigen Teig durch. Kurz vor dem Servieren hauchdünn mit Puderzucker bestäuben und mit der restlichen gehackten Schokolade bestreuen.

Tipp

Wer lieber eine große Erdbeer-
Tarte möchte, legt mit der Teigmenge
eine große Tarteform (Ø 26 cm)
aus und backt den Tortenboden dann
etwa 25–30 Minuten auf der unteren
Backofenschiene.

Marzipankuchen
MIT ERDBEERSALAT

Überraschung! Wir haben das Marzipan im Tortenboden versteckt. Und der Finderlohn schmeckt wirklich köstlich!

ZUTATEN
12 Stücke

TEIG

400 g Marzipanrohmasse
7 Eier
2 EL Mandelblättchen
Fett und Mehl für die Form

BELAG

750 g Erdbeeren
125 g Himbeeren
1 Vanilleschote
4 EL Ahornsirup
½ TL Zitronensaft
150 g Crème fraîche
Puderzucker zum Bestäuben

FÜR DEN TEIG

— Das Marzipan auf einer Rohkostreibe grob raspeln, das geht am besten, wenn das Marzipan schön kalt ist. Marzipan und Eier mit den Quirlen des Handrührers zu einem glatten Teig verrühren, sodass keine Marzipanklümpchen mehr zu sehen sind (dauert etwa 10 Minuten).

— Den Backofen auf 160 Grad, Umluft 140 Grad, Gas Stufe 2 vorheizen. Eine Tortenbodenform (Ø 30 cm) fetten und mit Mehl bestäuben.

— Auf den Boden der Backform Mandelblättchen streuen. Den Marzipanteig hineingeben und glatt streichen. Form auf dem Backofenrost auf der unteren Schiene im vorgeheizten Ofen etwa 45 Minuten backen.

— Kuchen herausnehmen, auf einem Kuchengitter etwa 10–15 Minuten abkühlen lassen, dann vorsichtig aus der Form stürzen. Abkühlen lassen. *Wenn der Kuchen beim Stürzen leicht abgekühlt ist, hat sich die Krume des Teiges schon etwas gefestigt und hält besser zusammen. Ist er hingegen schon ganz kalt, ist der Teig nicht mehr so elastisch und bricht schneller entzwei.*

FÜR DEN BELAG

— Die Erdbeeren kurz abspülen, trocken tupfen, den Stielansatz herausschneiden und das Fruchtfleisch in Spalten schneiden. Die Himbeeren verlesen. Die Vanilleschote längs aufritzen und das Mark herauskratzen. 3 EL Ahornsirup, Zitronensaft und Vanillemark verrühren. Sauce, Früchte und Vanilleschote mischen und kurz ziehen lassen.

— Crème fraîche und den restlichen Ahornsirup verrühren und auf dem Tortenboden verstreichen. Den Erdbeersalat darauf verteilen und den Kuchenrand dünn mit Puderzucker bestäuben.

 Ohne Wartezeit fertig in
1 Stunde 20 Minuten

 Pro Stück
ca. 310 kcal, E 10 g,
F 21 g, KH 20 g

Erdbeerrolle

MIT LIKÖR UND ERDBEERSALAT

Tolle Rolle für alle: Wenn kleine Naschkatzen dabei sind, die Erdbeerfüllung statt mit Likör mit frischem Orangensaft abschmecken

ZUTATEN
12 Scheiben

BISKUIT
5 Eier
75 g Zucker
½ Bio-Zitrone
50 g Mehl
50 g Speisestärke
40 g geschälte und gemahlene Mandeln
Zucker für das Tuch

FÜLLUNG
2–3 Blatt weiße Gelatine
500 g Erdbeeren
50 ml »Likör 43«
3–4 EL Zucker
350 g Schlagsahne
3–4 EL »Likör 43« zum Beträufeln

ERDBEERSALAT
600 g Erdbeeren
2 EL »Likör 43«
Puderzucker zum Abschmecken
evtl. 6–8 Baisertupfen

 Ohne Wartezeit fertig in 1 Stunde 10 Minuten

 Pro Scheibe ca. 275 kcal, E 6 g, F 14 g, KH 26 g

← Backofen auf 200 Grad, Umluft 180 Grad, Gas Stufe 4 vorheizen.

FÜR DEN BISKUIT

← Die Eier trennen und das Eiweiß zu steifem Schnee schlagen. Eigelbe und Zucker mit den Quirlen des Handrührers hell und cremig schlagen (nächste Seite, Foto 1). Zitrone heiß abspülen, trocken tupfen und die Schale fein abreiben. Zitronenschale unter die Eicreme rühren.

← Mehl, Stärke und Mandeln zusammen mit dem Eischnee unterheben (Foto 2). Biskuitteig auf ein mit Backpapier ausgelegtes Backblech streichen (Foto 3). Im vorgeheizten Backofen 10–12 Minuten backen.

← Den Biskuit auf ein mit Zucker bestreutes Küchentuch stürzen und sofort das Backpapier vorsichtig abziehen (Foto 4). Die Biskuitplatte mit dem Tuch von der langen Seite her aufrollen (Foto 5). Abkühlen lassen.

FÜR DIE FÜLLUNG

← Die Gelatine in kaltem Wasser einweichen. Erdbeeren abspülen, trocken tupfen und putzen. Die Früchte in Stücke schneiden und 150 g davon mit dem Stabmixer pürieren. Püree und Likör verrühren und mit Zucker abschmecken.

← Gelatine ausdrücken und in einem Topf bei kleiner Hitze auflösen. 3 EL Erdbeerpüree unterrühren, diese Mischung dann unter das restliche Püree rühren. Kalt stellen. Sahne steif schlagen. Wenn das Erdbeerpüree anfängt, fest zu werden, die Sahne unterheben.

← Die Biskuitplatte wieder abrollen und mit dem Likör beträufeln. Sahne darauf verstreichen und die Erdbeeren darüber-

streuen (Foto 6). Unter das hintere Ende eine längliche Kuchenplatte schieben. Biskuit und Füllung aufrollen und dabei mit der letzten Umdrehung auf die Kuchenplatte rollen (Foto 7). Biskuitrolle für mindestens 4 Stunden kalt stellen.

FÜR DEN ERDBEERSALAT

— Die Erdbeeren abspülen, trocken tupfen, putzen und in Spalten schneiden. Mit dem Likör mischen und mit dem Puderzucker abschmecken.

— Biskuitrolle in Scheiben schneiden und mit dem Erdbeersalat servieren. Eventuell die Baisertupfen über die Erdbeeren bröseln.

Vanilletörtchen

MIT HIMBEEREN

Mit Vanillecreme gebacken und rotem Krönchen on top schmecken die knusprigen Blätterteigtörtchen königlich

ZUTATEN

12 Stück

BODEN

1 Paket TK-Blätterteig
(6 Platten; 450 g)
Mehl zum Ausrollen

FÜLLUNG

375 ml Milch
2 EL Vanillepuddingpulver
(etwa 15 g)
1 Vanilleschote
175 g Zucker
5 Eigelb
1 Ei
etwa 350 g Himbeeren
1 Päckchen roter Tortenguss
(evtl. mit Erdbeergeschmack)
125 ml heller Traubensaft

FÜR DEN BODEN

— Den Blätterteig auftauen lassen, jede Platte auf wenig Mehl etwas größer ausrollen und daraus 2 Fladen (Ø 12 cm) ausstechen. Die Teigfladen in die Mulden eines Muffinblechs geben und die Ränder gut andrücken.

— Backofen auf 200 Grad, Umluft 180 Grad, Gas Stufe 4 vorheizen.

FÜR DIE FÜLLUNG

— Etwa 6 EL Milch und Puddingpulver verrühren. Die Vanilleschote längs aufschneiden und das Mark herauskratzen. Vanillemark und -schote, restliche Milch und Zucker aufkochen. Das angerührte Puddingpulver in die kochende Milch gießen. Unter Rühren aufkochen lassen, dann den Topf vom Herd nehmen.

— Eigelbe und Ei verquirlen und 3–4 EL der heißen Creme unterrühren. Diese Mischung unter die restliche Creme rühren. Warme Vanillecreme in die Mulden geben. Im Ofen 12–15 Minuten backen. Herausnehmen und ganz abkühlen lassen. Die kalten Törtchen vorsichtig aus dem Muffinblech herausnehmen.

— Himbeeren verlesen und in die eingefallenen Mulden der Törtchen geben. Den Tortenguss mit dem Fruchtsaft und der gleichen Menge Wasser nach Packungsanweisung zubereiten und mit einem Esslöffel über die Himbeeren geben. Fest werden lassen und servieren.

Ohne Wartezeit fertig in
1 Stunde

Pro Stück
ca. 220 kcal, E 5 g,
F 9 g, KH 29 g

Stachelbeer-Baiser-Kuchen

Polenta und gemahlene Mandeln geben dem Rührteig etwas Biss, Baiser und saftige Früchte zergehen auf der Zunge

ZUTATEN

20 Stücke

1 kg Stachelbeeren (rote und grüne; bei nur einer Sorte ändert sich die Zuckermenge, siehe Tipp rechts)

5 Eier
200 g weiche Butter
400 g Zucker
100 g Polenta (Maisgrieß)
250 g Mehl
100 g gemahlene Mandeln
Salz
1 Päckchen Backpulver
4 EL Zitronensaft
7 EL Milch
Fett und Mehl für das Blech

► Den Backofen auf 180 Grad, Umluft 160 Grad, Gas Stufe 3 vorheizen.

► Stachelbeeren abspülen, trocken tupfen und den Stängel- und Blütenansatz abschneiden.

► Eier trennen und das Eiweiß kalt stellen. Butter und 200 g Zucker mit den Quirlen des Handrührers etwa 3 Minuten cremig rühren. Eigelbe einzeln unterrühren. Polenta, Mehl, Mandeln, Salz und Backpulver mischen. Mehlmischung, 3 EL Zitronensaft und Milch nach und nach unter die Buttermischung rühren.

► Den Teig auf ein gefettetes und mit Mehl bestäubtes Backblech geben und glatt verstreichen. Die vorbereiteten Stachelbeeren darauf verteilen. Stachelbeerkuchen im vorgeheizten Backofen auf der unteren Schiene etwa 30 Minuten backen.

► Eiweiß und Salz steif schlagen. Restlichen Zucker einrieseln lassen und weiterschlagen, bis er sich aufgelöst hat. Restlichen Zitronensaft unterrühren.

► Blech aus dem Ofen nehmen und den Baiser mit einem Löffel wellenartig auf dem Kuchen verteilen. Kuchen weitere 20 Minuten auf der unteren Schiene bei gleicher Temperatur im Ofen fertig backen. Stachelbeerkuchen auf einem Kuchengitter auskühlen lassen, dann in Stücke schneiden. Am besten noch am gleichen Tag servieren.

Fertig in
1 Stunde 25 Minuten

Pro Stück
ca. 290 kcal, E 5 g,
F 13 g, KH 38 g

Tipp

Wenn Sie den Kuchen wie wir mit roten und grünen Stachelbeeren zubereiten, gelten die im Rezept angegebenen 400 g Zucker. Wer nur grüne Beeren verwendet, braucht 50 g mehr Zucker, da rote Stachelbeeren deutlich süßer sind. Backen Sie ausschließlich mit roten Früchten, nehmen Sie einfach entsprechend 50 g weniger Zucker.

Johannisbeerkuchen

MIT KARAMELLSAUCE

Die säuerlichen Beeren brauchen einen süßen Gegenspieler – die gesalzene
Karamellsauce erledigt ihren Job perfekt

ZUTATEN
20 Stücke

HEFETEIG
1 Würfel frische Hefe (42 g)
140 g Zucker
200 ml Mandeldrink
500 g Mehl
Salz
2 Eier
75 g weiche Butter
Mehl zum Bearbeiten

BELAG
800 g rote Johannisbeeren
4 EL Walnusskerne

KARAMELLSAUCE
125 g Zucker
200 g Schlagsahne
1 Prise Salz

FÜR DEN HEFETEIG

⤟ Zerbröckelte Hefe und 2 EL Zucker verrühren. Mandeldrink
lauwarm erwärmen, dazugießen und rühren, bis sich die Hefe
aufgelöst hat. Mehl, 100 g Zucker, 1 Prise Salz, Eier und Butter
zufügen und mit den Knethaken des Handrührers zu einem
Teig verkneten. Zugedeckt an einem warmen Ort etwa 45 Minuten gehen lassen.

FÜR DEN BELAG

⤟ Beeren abspülen, trocknen und von den Rispen streifen.
Walnüsse nur grob hacken.

⤟ Teig mit den Händen kurz kneten, auf ein mit Backpapier
ausgelegtes Backblech geben und zum Rand drücken. Beeren,
Nüsse und restlichen Zucker darüberstreuen. Zugedeckt nochmals etwa 30 Minuten an einem warmen Ort gehen lassen.

⤟ Den Backofen auf 200 Grad, Umluft 180 Grad, Gas Stufe 4
vorheizen. Kuchen im Ofen etwa 20 Minuten backen. Herausnehmen und auf einem Kuchengitter abkühlen lassen.

FÜR DIE KARAMELLSAUCE

⤟ Zucker hellbraun karamellisieren lassen. Sahne dazugießen
und kochen, bis der harte Karamell gelöst ist. 1 Prise Salz unterrühren und abkühlen lassen.

⤟ Sauce über den Kuchen träufeln und noch am gleichen Tag
servieren.

 Ohne Wartezeit fertig in
50 Minuten

 Pro Stück
ca. 245 kcal, E 5 g,
F 9 g, KH 35 g

Stachelbeertorte

MIT FRISCHKÄSE

Beeren und Mürbeteig werden à la Tarte Tatin kopfüber gebacken,
gestürzt und bekommen ein Häubchen. Mmh …!

ZUTATEN

16 Stücke

MÜRBETEIG

250 g Mehl
½ Päckchen Backpulver
125 g Zucker
1 Päckchen Vanillezucker
1 Ei
150 g Butter
Mehl zum Ausrollen
100 g Amaretti-Kekse

BELAG

750 g Stachelbeeren
¾ l Maracuja-Mango-Nektar
2 Päckchen Sahnepuddingpulver
160 g Zucker
2 Päckchen Vanillezucker
150 g Frischkäse mit Joghurt
1 EL Puderzucker
200 g Schlagsahne
50 g ganze Mandeln mit Schale

 Ohne Wartezeit fertig in
1 Stunde 45 Minuten

 Pro Stück
ca. 355 kcal, E 4 g,
F 14 g, KH 47 g

FÜR DEN MÜRBETEIG

▸ Alle Zutaten in einer Schüssel zunächst mit den Knethaken des Handrührers, dann mit den Händen zu einem glatten Teig verkneten. Den Mürbeteig abgedeckt für 30 Minuten kalt stellen.

▸ Teig auf wenig Mehl ausrollen und in eine am Boden mit Backpapier ausgelegte quadratische Springform (etwa 23 cm Seitenlänge; oder in eine runde Springform Ø 26 cm) legen. Dabei einen etwa 4 cm hohen Teigrand formen. Amaretti-Kekse zerbröseln und auf den Teigboden streuen. Die Form kalt stellen.

▸ Den Backofen auf 180 Grad, Umluft 160 Grad, Gas Stufe 3 vorheizen.

FÜR DEN BELAG

▸ Die Stachelbeeren putzen und abspülen. Etwa 100 ml Maracuja-Nektar und Sahnepuddingpulver verrühren. Restlichen Nektar aufkochen und das angerührte Puddingpulver in die Flüssigkeit rühren. Nochmals unter Rühren aufkochen lassen und den Zucker, Vanillezucker und die Stachelbeeren unterrühren.

▸ Das Kompott in die Springform auf die Brösel geben, verstreichen und im Ofen etwa 45 Minuten backen. Herausnehmen und am besten über Nacht ganz abkühlen lassen.

▸ Frischkäse und Puderzucker mit einem Schneebesen cremig rühren. Schlagsahne steif schlagen und unterheben. Die Käsecreme auf das Stachelbeerkompott streichen und den Kuchen bis zum Servieren kalt stellen.

▸ Mit grob gehackten Mandeln servieren.

Obstkuchen

MIT HASELNUSS-STREUSELN

Unser Sommerliebling mit bunten Früchten und knusprigen Nussstreuseln schmeckt am besten lauwarm

ZUTATEN
25 Stücke

BELAG
je etwa 500 g gelbe Pflaumen
und dunkelrote Sommerpflaumen
500 g Aprikosen
300 g Heidelbeeren

STREUSEL
150 g weiche Butter
110 g Mehl
75 g gemahlene Haselnusskerne
40 g gehackte Haselnusskerne
150 g Zucker
1 Päckchen Vanillezucker
1 Prise Salz

RÜHRTEIG
375 g weiche Butter
1 Prise Salz
2 Päckchen Vanillezucker
270 g Zucker
1 Bio-Zitrone
6 Eier
4–5 EL Rum oder Milch
375 g Mehl
½ Päckchen Backpulver
Fett und Mehl für das Backblech
evtl. Puderzucker zum Bestreuen

FÜR DEN BELAG

— Das Steinobst abspülen, putzen, halbieren und entsteinen. Rote und gelbe Pflaumen in Spalten schneiden. Heidelbeeren abspülen und trocknen.

FÜR DIE STREUSEL

— Alle Zutaten mit den Knethaken des Handrührers zu groben Streuseln verarbeiten.

— Den Backofen auf 180 Grad, Umluft 160 Grad, Gas Stufe 3 vorheizen.

FÜR DEN RÜHRTEIG

— Butter, Salz, Vanillezucker und Zucker mit den Quirlen des Handrührers cremig rühren, bis der Zucker gelöst ist. Zitrone heiß abspülen, trocken tupfen und die Schale fein abreiben.

— Zitronenschale, Eier und Rum oder Milch ebenfalls unterrühren. Mehl und Backpulver mischen und unterrühren.

— Teig in die gefettete und mit Mehl ausgestreute Fettpfanne des Backofens streichen.

— Die Früchte nach Sorten getrennt leicht in den Teig drücken. Die groben Haselnussstreusel darüber verteilen und den Kuchen im vorgeheizten Ofen etwa 30–40 Minuten goldbraun backen. Eventuell mit Puderzucker bestreuen.

Fertig in
1 Stunde 10 Minuten

Pro Stück
ca. 395 kcal, E 5 g,
F 23 g, KH 41 g

Dazu Schlagsahne

Hefeweck

MIT KIRSCHEN UND BLAUBEEREN

Der luftig lockere Hefeteig bekommt eine ordentliche Ladung Sommerfrüchte ab. Mit feinen Macadamianüssen garniert, beglücken Sie so Ihre Gäste

ZUTATEN
12 Stücke

TEIG
6 EL Milch
10 g frische Hefe
200 g Mehl
80 g Zucker
1 Eigelb
Meersalz
50 g weiche Butter
Mehl zum Bearbeiten
Fett für die Form

BELAG
150 g Heidelbeeren
500 g entsteinte Sauerkirschen (evtl. TK)
100 g ungesalzene Macadamia-Nüsse
200 g Crème fraîche
50 g Schlagsahne
1 EL Speisestärke
3 EL Vanillezucker
3 Eier

FÜR DEN TEIG

— Die Milch erwärmen. 1 EL Milch und die zerbröselte Hefe verrühren. Mehl und 50 g Zucker in eine Rührschüssel geben, in die Mitte eine Mulde drücken, Hefemilch und restliche Milch hineingießen. Eigelb, Salz und Butter in Flöckchen zufügen und alles zuerst mit den Knethaken des Handrührers, dann mit den Händen zu einem glatten Hefeteig verkneten.

— Den Teig abgedeckt an einem warmen Ort etwa 45 Minuten gehen lassen.

— Den Teig mit den Händen gut kneten und auf einer leicht bemehlten Arbeitsfläche zu einem Fladen (Ø etwa 32 cm) ausrollen. Eine Tarteform (Ø 30 cm) ausfetten und den Teig hineingeben, dabei die Ränder etwas höher ziehen und fest andrücken. Zugedeckt an einem warmen Ort weitere 30 Minuten gehen lassen.

— Den Backofen auf 180 Grad, Umluft 160 Grad, Gas Stufe 3 vorheizen.

FÜR DEN BELAG

— Die Heidelbeeren abspülen, trocken tupfen und mit den Kirschen vermengen. Nüsse halbieren.

— Crème fraîche, Sahne, Stärke, Vanillezucker und Eier verrühren und auf den Teig geben. Früchte darüberstreuen und den Kuchen auf der untersten Schiene im Ofen etwa 35 Minuten backen.

 Ohne Wartezeit fertig in 1 Stunde 15 Minuten

 Pro Stück ca. 315 kcal, E 6 g, F 19 g, KH 30 g

Tipp

Statt mit Karamellstreifen kann man den Kuchen auch mit Puderzucker bestäuben.

Ananas-Kokos-Kuchen

Servieren Sie das Schmuckstück am besten nach ein bis zwei Tagen,
wenn der Kuchen gut durchgezogen ist

ZUTATEN
16 Stücke

TEIG

1 kleine Dose Ananas
(260 g Abtropfgewicht)
225 g Möhren
100 g Pecannusskerne
300 g Mehl
350 g Zucker
2 gestrichene TL Natron
1 Prise Salz
1 gestrichener TL gemahlener
Zimt
3 Eier
200 ml Sonnenblumenöl
1 TL Vanille-Extrakt
75 g Kokosraspel
Fett für die Form

CREME

75 g Puderzucker
50 g weiche Butter
½ TL Zitronensaft
½ TL Vanille-Extrakt
175 g weicher Doppelrahm-
Frischkäse (Zimmertemperatur)
50 g Pecannusskerne

 Ohne Wartezeit fertig in
2 Stunden

 Pro Stück
ca. 470 kcal, E 6 g,
F 30 g, KH 46 g

— Den Backofen auf 180 Grad, Umluft 160 Grad, Gas Stufe 3
vorheizen.

FÜR DEN TEIG

— Ananas abtropfen lassen und sehr fein hacken. Ananasstück-
chen nochmals in einem Sieb abtropfen lassen. Möhren schälen
und auf einer Gemüsereibe fein raspeln. Nüsse hacken. Mehl,
Zucker, Natron, Salz und Zimt mischen und in eine große
Rührschüssel sieben. Eier verquirlen und zusammen mit Öl und
Vanille-Extrakt zum Mehl geben. Alles mit den Quirlen des
Handrührers zu einem glatten Teig verrühren. Ananas, Möhren,
Nüsse und Kokosraspel kurz unterheben.

— Teig in eine gefettete Springform (Ø 20 cm, 10 cm hoher
Rand) geben und im Ofen etwa 1 Stunde 30 Minuten backen.
Herausnehmen und etwa 15 Minuten in der Form abkühlen
lassen. Dann aus der Form lösen und vollständig abkühlen
lassen. *Um den Rand einer Springform höher zu machen, den
Rand von innen mit Butter oder Öl fetten und von innen rundherum einen 10 cm breiten Streifen Backpapier kleben – dann
kann der Teig nicht überlaufen.*

FÜR DIE CREME

— Den Puderzucker sieben und zusammen mit der Butter mit
den Quirlen des Handrührers cremig schlagen. Zitronensaft und
Vanille-Extrakt dazugeben. Zum Schluss den Frischkäse zufügen und glatt rühren.

— Den kalten Kuchen einmal waagerecht durchschneiden und
etwa 3–4 EL Creme auf den unteren Boden streichen. Deckel
wieder auflegen und den Kuchen oben mit der restlichen Creme
bestreichen. Mit Pecannüssen bestreuen.

Aprikosen-Pie

Erdnussbutter im Mürbeteig sorgt für eine fein-würzige Note. Passt perfekt
zu den Aprikosen und Erdnüssen in der Füllung

ZUTATEN
10 Stücke

TEIG
250 g Dinkelmehl (Type 630)
120 g Zucker
100 g weiche Butter
50 g cremige Erdnussbutter
1 Ei
1–2 EL Milch
Mehl zum Ausrollen
Fett für die Form

FÜLLUNG
50 g geröstete Erdnusskerne
(ohne Salz)
1,2 kg Aprikosen
4 EL Gelierzucker (2:1)
1 Eigelb zum Bestreichen

FÜR DEN TEIG

⊢ Mehl, 100 g Zucker, Butter, Erdnussbutter, Ei und Milch
mit den Knethaken des Handrührers zu einem glatten Teig
verkneten. Teigkugel in Frischhaltefolie wickeln und für mindestens 1 Stunde kalt stellen.

FÜR DIE FÜLLUNG

⊢ Erdnüsse grob hacken. Aprikosen abspülen, halbieren und
entsteinen.

⊢ Teig dritteln. ⅔ auf wenig Mehl zu einem Fladen (Ø etwa
26 cm) ausrollen. Auf den Boden einer gefetteten Spring- oder
Pie-Form (Ø 22 cm) legen, Ränder etwa 3–4 cm hochziehen.
Teig mit einer Gabel mehrmals einstechen, gehackte Erdnüsse
daraufstreuen. Aprikosen mit Gelierzucker bestreuen und in
die Form geben.

⊢ Den Backofen auf 220 Grad, Umluft 200 Grad, Gas Stufe 5
vorheizen.

⊢ Restlichen Teig auf wenig Mehl etwa ½ cm dick ausrollen.
In 1 cm dicke Streifen schneiden und wie ein Gitter auf die
Füllung legen. Eigelb und 1 EL Wasser verquirlen, Teiggitter
damit bestreichen und mit dem restlichen Zucker bestreuen.

⊢ Die Pie auf der unteren Schiene im Ofen etwa 40 Minuten
backen. Eventuell zwischendurch mit Backpapier abdecken,
damit sie nicht zu dunkel wird. Warm oder kalt servieren.

 Ohne Wartezeit fertig in
1 Stunde 30 Minuten

 Pro Stück
ca. 345 kcal, E 7 g,
F 15 g, KH 45 g

 Dazu Crème fraîche

Apfelkuchen »normande«

MIT CALVADOS

Statt mit Cidre und Calvados können Sie den fruchtigen Franzosen auch
mit Apfelsaft backen

ZUTATEN
16 Stücke

MÜRBETEIG
250 g Mehl
½ Päckchen Backpulver
125 g Zucker
1 Päckchen Vanillezucker
1 Ei
150 g gesalzene Butter
Mehl zum Bearbeiten

BELAG
750 g Äpfel (z. B. Golden
Delicious)
200 ml Cidre (herb; Apfelwein)
80 g Speisestärke
½ l Apfelsaft
200 g Zucker
1 Päckchen Vanillezucker
75 ml Calvados (Apfelschnaps)
400 g Crème fraîche
1 TL Lavendelhonig

FÜR DEN MÜRBETEIG

— Zutaten zunächst mit den Knethaken des Handrührers, dann mit den Händen zu einem glatten Teig verkneten. Den Teig abgedeckt für 30 Minuten kalt stellen. Den Mürbeteig mit bemehlten Händen auf den Boden einer Springform (Ø cm 26 cm) drücken. Dabei einen etwa 4 cm hohen Teigrand formen.

— Den Backofen auf 180 Grad, Umluft 160 Grad, Gas Stufe 3 vorheizen.

FÜR DEN BELAG

— Die Äpfel schälen, vierteln, entkernen und in schmale Spalten schneiden. 8 EL Cidre und Stärke glatt rühren. Restlichen Cidre, Apfelsaft, Zucker und Vanillezucker aufkochen lassen. Stärke unter Rühren dazugießen, kurz aufkochen lassen und vom Herd ziehen. Die Apfelstücke und den Calvados unterrühren. Die Apfelmischung kurz abkühlen lassen.

— Die Apfelmasse auf den Mürbeteigboden geben und im vorgeheizten Ofen etwa 1 Stunde backen. Eventuell nach 30 Minuten mit Backpapier abdecken, damit der Teigrand nicht zu dunkel wird. Torte am besten über Nacht abkühlen lassen. Kurz vor dem Servieren die Crème fraîche auf die Torte streichen und den Honig darüberträufeln.

Ohne Wartezeit fertig in
1 Stunde 30 Minuten

Pro Stück
ca. 370 kcal, E 3 g,
F 16 g, KH 48 g

Gedeckter Apfelkuchen

Statt mit Äpfeln schmeckt der Kuchen auch mit einer Füllung
aus festen Birnen

ZUTATEN
16 Stücke

TEIG

375 g Mehl
1 TL Backpulver
180 g Zucker
1 Päckchen Vanillezucker
1 Prise Salz
1 Ei
1 Eigelb
180 g kalte Butter
Mehl zum Ausrollen
30 g Löffelbiskuits

FÜLLUNG

1,25 kg Äpfel (z. B. Boskop)
30 g Rosinen
30 g gehackte Mandeln
1 Prise gemahlener Zimt

ZUCKERGUSS

100 g Puderzucker
2 EL Zitronensaft

 Ohne Wartezeit fertig in
1 Stunde 30 Minuten

 Pro Stück
ca. 310 kcal, E 4 g,
F 12 g, KH 46 g

 Dazu halbsteif
geschlagene Sahne
oder Vanilleeiscreme

FÜR DEN TEIG

— Mehl und Backpulver in einer Schüssel mischen. In die Mitte
eine Mulde drücken und Zucker, Vanillezucker, Salz, Ei und
Eigelb hineingeben. Die Butter in kleinen Flöckchen auf dem
Mehlrand verteilen. Alles zunächst mit den Knethaken des
Handrührers, dann mit den Händen zu einem glatten Teig verkneten. Teig in Frischhaltefolie wickeln und für mindestens
1 Stunde kalt stellen.

FÜR DIE FÜLLUNG

— Äpfel schälen, vierteln, entkernen und in kleine Stücke
schneiden. Äpfel, Rosinen, Mandeln und Zimt mischen.

— Den Backofen auf 200 Grad, Umluft 180 Grad, Gas Stufe 4
vorheizen.

— Teig nochmals kurz kneten und knapp ⅔ davon auf wenig
Mehl zu einer runden Platte (etwa Ø 32 cm) ausrollen. Eine am
Boden mit Backpapier ausgelegte Springform (Ø 26 cm) damit
auslegen und dabei einen etwa 3 cm hohen Teigrand formen.

— Löffelbiskuits fein zerbröseln und auf den Teigboden streuen.
Apfelfüllung darauf verteilen. Restlichen Teig zu einem Teig-
deckel (Ø 26 cm) ausrollen und auf die Füllung legen. Teigränder
am Rand mit einer Gabel gut andrücken. Den Kuchen im vorgeheizten Ofen auf der mittleren Schiene etwa 40 Minuten
backen.

FÜR DEN ZUCKERGUSS

— Puderzucker und Zitronensaft zu einem glatten und dickflüssigen Guss verrühren. Den warmen Apfelkuchen damit bestreichen oder den Guss in feinen Streifen darübergeben. Schmeckt
lauwarm am besten.

Tipp

Am besten gelingt dieser Kuchen mit der Apfelsorte Boskop. Mischen Sie zusätzlich ½ TL abgeriebene Zitronenschale unter die Füllung, das macht den Kuchen noch frischer!

Apfel-Schmand-Kuchen

Ganz frisch geht der Hefeliebling weg wie warme Semmeln. Also haben wir gleich ein ganzes Blech gebacken

ZUTATEN
20 Stücke

HEFETEIG
½ Würfel frische Hefe
150 ml lauwarme Milch
375 g Mehl
75 g Zucker
1 Ei
50 g weiche Butter
1 Prise Salz

BELAG
1 kg Äpfel (z. B. Boskop)
Zitronensaft
½ l Milch
50 g Zucker
1 Päckchen Vanillepuddingpulver
1 Ei
1 Eigelb

SCHMANDGUSS
250 g Schmand oder Crème fraîche
50 g Zucker
2 Päckchen Vanillezucker
3 Eier
Zucker zum Bestreuen

 Ohne Wartezeit fertig in 1 Stunde 30 Minuten

 Pro Stück
ca. 240 kcal, E 6 g, F 9 g, KH 33 g

FÜR DEN HEFETEIG

→ Hefe zerbröckeln und mit der Hälfte der lauwarmen Milch verrühren. Etwas Mehl und 1 Prise Zucker zufügen und den »Vorteig« 20 Minuten gehen lassen. Vorteig zum restlichen Mehl geben. Restliche lauwarme Milch, Ei, Zucker, Butter und Salz zufügen. Zuerst mit den Knethaken des Handrührers, dann mit den Händen zu einem Teig verkneten. Zugedeckt an einem warmen Ort etwa 1 Stunde gehen lassen, bis sich der Teig verdoppelt hat.

FÜR DEN BELAG

→ Die Äpfel schälen, halbieren, das Kerngehäuse entfernen und die Äpfel in Spalten schneiden. Apfelspalten mit Zitronensaft beträufeln, damit sie nicht braun werden. Aus Milch, Zucker und Puddingpulver nach Packungsanweisung einen Vanillepudding kochen. Ei und Eigelb mit einem Schneebesen verquirlen und die Mischung sofort unter den noch heißen Pudding rühren.

→ Aufgegangenen Teig mit den Händen durchkneten. Auf einem Stück Backpapier (in Größe der Fettpfanne) ausrollen und in die Fettpfanne legen. Den Teig mit einer Gabel mehrmals einstechen und mit dem heißen Vanillepudding gleichmäßig bestreichen. Die Apfelspalten dachziegelartig auf die Vanillecreme legen. Den Backofen auf 180 Grad, Umluft 160 Grad, Gas Stufe 3 vorheizen.

FÜR DEN SCHMANDGUSS

→ Schmand, Zucker, Vanillezucker und Eier verrühren. Den Guss auf die Äpfel streichen. Im Backofen auf der unteren Schiene etwa 40–45 Minuten backen. Den heißen Kuchen sofort mit Zucker (brauner Zucker gibt zusätzlich noch einen leichten Karamellgeschmack) bestreuen und abkühlen lassen. Dann erst in Stücke schneiden.

Tipp

Schmand ist eine saure Sahne mit mehr als 20 % Fett. Alternativ können Sie auch Crème fraîche mit 30 % Fett verwenden.

Elsässer Apfelkuchen

Der Teig ist ganz ohne Eier, dafür mit Weißwein, der den Kuchen
wunderbar weich und herrlich fluffig macht

ZUTATEN
12 Stücke

TEIG
95 g weiche Butter
1 EL Zucker
1 Prise Meersalz
190 g Dinkelmehl (Type 630)
95 ml trockener Weißwein (z. B.
Riesling oder Gewürztraminer)
Fett für die Form
Mehl zum Ausrollen

BELAG
750 g Äpfel (z. B. Graven-Steiner
oder Boskop)
2 EL gemahlene Mandeln
50 g Zucker
1 Ei
1 gestrichener TL Speisestärke
2 Päckchen Bourbon-Vanillezucker
abgeriebene Schale von ½ Bio-
Zitrone
175 ml flüssige saure Sahne
2 EL Apfelgelee

 Ohne Wartezeit fertig in
1 Stunde 10 Minuten

 Pro Stück
ca. 230 kcal, E 4 g,
F 11 g, KH 28 g

FÜR DEN TEIG

➤ Butter, Zucker und Salz mit den Knethaken des Handrührers
cremig rühren. Das Mehl sieben und im Wechsel mit dem Wein
unter die Buttermischung rühren. Teig abgedeckt für etwa
30 Minuten kalt stellen.

➤ Eine Tarteform (Ø 26 cm) fetten. Den Teig auf einer bemehlten Arbeitsfläche etwas größer als die Form ausrollen und
hineinlegen. Dabei einen etwa 2–3 cm hohen Rand formen.
Den Teigrand andrücken und den Boden mit einer Gabel mehrmals einstechen. Teigboden nochmals für etwa 30 Minuten
abgedeckt kalt stellen.

➤ Den Backofen auf 220 Grad, Umluft 200 Grad, Gas Stufe 5
vorheizen.

FÜR DEN BELAG

➤ Äpfel schälen, das Kerngehäuse mit einem Apfelausstecher
entfernen und die Äpfel in etwa 1 cm dicke Scheiben schneiden. Teigboden mit den gemahlenen Mandeln bestreuen. Apfel-
scheiben darauflegen und mit 1 EL Zucker bestreuen. Im Ofen
auf der unteren Schiene etwa 15 Minuten backen.

➤ Inzwischen Ei, Speisestärke, Vanillezucker, Zitronenschale
und restlichen Zucker cremig rühren. Saure Sahne unterrühren
und auf die Äpfel gießen. Etwa 15 Minuten backen, bis der
Guss fest ist. Ofen ausschalten und den Kuchen noch 5 Minuten darin stehen lassen.

➤ Kuchen aus dem Ofen nehmen. Apfelgelee glatt rühren und
auf den heißen Kuchen streichen. Auf einem Kuchengitter abkühlen lassen.

Torten

So sieht der Himmel auf Erden aus.
Schon der Anblick von unseren köstlichen
Kunstwerken macht Ihre Kaffeegäste
schwach. Wer sie probiert, ist hoffnungslos
verloren. Die gute Nachricht ist: Sie müssen
dafür kein professioneller Konditor sein.
Mit unseren Stepfotos gelingen die sahnigen
Schmuckstücke garantiert. Die schlechte:
Wenn Sie sich nicht beeilen, bleibt kein Stück
für Sie übrig

Erdbeer-Schichttorte

Unser himmlischer Hochstapler lässt sich leicht gefroren einfacher schneiden und schmeckt eisgekühlt am besten

ZUTATEN

15 Stücke

CREME

200 g Doppelrahmfrischkäse
150 g Puderzucker
100 g weiße Schokolade
1 TL abgeriebene Zitronenschale
120 g Schlagsahne

TEIG

250 g weiche Butter
250 g Zucker
5 Eier
200 g Mehl
50 g gemahlene Mandeln
1 TL Vanille-Extrakt
5 EL Erdbeerkonfitüre
1–2 EL Zitronensaft
500 g Erdbeeren
Puderzucker zum Bestäuben

 Ohne Wartezeit fertig in 2 Stunden

 Pro Stück
ca. 455 kcal, E 7 g,
F 27 g, KH 47 g

FÜR DIE CREME

▬ Frischkäse und Puderzucker mit den Quirlen des Handrührers cremig rühren. Schokolade zerbröckeln, in eine kleine Schüssel geben und in ein warmes Wasserbad stellen. Geschmolzene Schokolade etwas abkühlen lassen und zusammen mit der Zitronenschale unter die Frischkäsecreme rühren. Sahne steif schlagen, unterheben. Die Creme für mindestens 4 Stunden kalt stellen und durchkühlen lassen.

▬ Den Backofen auf 200 Grad, Umluft 180 Grad, Gas Stufe 4 vorheizen.

FÜR DEN TEIG

▬ Butter und Zucker mit den Quirlen des Handrührers cremig schlagen. Eier nacheinander unterrühren. Mehl, Mandeln und Vanille dazugeben und kurz verrühren. Konfitüre durch ein Sieb streichen und mit dem Zitronensaft verrühren.

▬ Den Teig in 9 Portionen teilen. Den Boden einer Springform (Ø 18 cm) mit Backpapier auslegen und mit einem Esslöffel eine Teigportion darauf verstreichen. Im Ofen etwa 5–7 Minuten backen, bis der Boden goldbraun ist. Sofort aus der Form lösen und das Backpapier abziehen. Aus dem Teig wie oben beschrieben 9 dünne Böden backen (zwischendurch Formrand abspülen). Dabei 8 Böden noch warm mit der Konfitüre bestreichen und einen Boden pur lassen.

▬ Erdbeeren abspülen, putzen und 300 g in dünne Scheiben schneiden. Die bestrichenen Böden mit etwas Creme bestreichen, Erdbeerscheiben darauflegen. Alle Böden übereinanderlegen und mit dem letzten unbestrichenen Boden abschließen. Torte für etwa 2 Stunden anfrieren lassen.

▬ Restliche Erdbeeren pürieren und eventuell mit Zucker abschmecken. Die angefrorene Torte mit Puderzucker bestäuben, in Stücke schneiden. Mit der Erdbeersauce servieren.

Tipp

Die aufwendige Torte lässt sich prima vorbereiten: Dazu am Vortag die Creme zubereiten und die 9 Böden backen. Am nächsten Tag die Böden mit Konfitüre und Creme bestreichen, belegen und zusammensetzen. Oder die fertige Torte einfrieren und zum Servieren etwa 4–5 Stunden auftauen lassen.

nachmittag

Kirsch-Schoko-Baiser-Torte

Zwischen Schoko- und Baiserboden passt viel sahnige Füllung und Kirschkompott. Raffiniert und so köstlich!

ZUTATEN
12 Stücke

SCHOKOBODEN
125 g weiche Butter
125 g brauner Zucker
1 Päckchen Vanillezucker
4 Eigelb
125 g Mehl
1 TL Backpulver
20 g Kakaopulver
4–5 EL Espresso
2 TL Puderzucker

BAISER
4 Eiweiß
100 g feiner Zucker
100 g geschälte und gemahlene Mandeln

FÜLLUNG
350 g Sauerkirschen
3 Blatt weiße Gelatine
250 ml Kirschsaft
10 g Speisestärke
etwa 40 g Zucker
500 g Schlagsahne (Konditor-sahne)
etwas Kakaopulver zum Bestäuben

 Ohne Wartezeit fertig in 1 Stunde 10 Minuten

 Pro Stück
ca. 415 kcal, E 7 g,
F 29 g, KH 32 g

FÜR DEN SCHOKOBODEN
— Butter, Zucker und Vanillezucker mit den Quirlen des Handrührers cremig schlagen. Die Eigelbe unterrühren. Mehl, Backpulver und Kakao mischen und zusammen mit 3 EL heißem Wasser unterrühren. Teig in eine am Boden mit Backpapier ausgelegte Springform (Ø 26 cm) streichen.

— Den Backofen auf 180 Grad, Umluft 160 Grad, Gas Stufe 3 vorheizen.

FÜR DAS BAISER
— Eiweiß steif schlagen, den Zucker einrieseln lassen und weiterschlagen, bis er sich aufgelöst hat. Mandeln mit einem Schneebesen unterheben.

— Mandelbaiser auf den Schokoladenteig streichen (nächste Seite, Foto 1–2). Im Ofen 30–35 Minuten backen, eventuell nach der Hälfte der Zeit mit einem Bogen Backpapier abdecken, damit das Baiser nicht zu dunkel wird. Herausnehmen und abkühlen lassen.

FÜR DIE FÜLLUNG
— Kirschen abspülen und entsteinen. Gelatine in kaltem Wasser einweichen. Kirschsaft aufkochen, Stärke und 2 EL Wasser verrühren und in den kochenden Kirschsaft rühren (Foto 3). Nochmals aufkochen und die Kirschen unterrühren.

— Gelatine ausdrücken und im warmen Kirschkompott auflösen. Kompott mit Zucker abschmecken und abkühlen lassen (Foto 4–5).

— Baiser-Schokoboden mit einem Messer mit Wellenschliff einmal waagerecht durchschneiden, möglichst an der Stelle, wo die beiden Teige aufeinanderliegen (Foto 6).

Tipp

Klappt auch mit eingefrorenen Kirschen oder Früchten aus dem Glas.

— Heißen Espresso und Puderzucker verrühren und auf den Schokoboden streichen (Foto 7). Einen Springformrand oder variablen Tortenring um den Schokoboden legen.

— Sahne steif schlagen. Das kalte und angedickte Kirschkompott und die Sahne mit einem Esslöffel als Kleckse auf den Schokoboden geben. Dann kurz verrühren, sodass Schlieren entstehen (Foto 8). Glatt streichen.

— Den Baiserboden in 12 Tortenstücke schneiden und auf die Kirschsahne legen (Foto 9). Torte für mindestens 2–3 Stunden kalt stellen. Aus der Form lösen und eventuell mit etwas Kakaopulver bestäuben.

Mascarpone-Apfeltorte

Wie erfrischend! Bröselboden, Zitronen-Mascarpone und Äpfel werden einfach im Kühlschrank »gebacken«

ZUTATEN
10 Stücke

BRÖSELBODEN
40 g Zwieback
20 g gemahlene Mandeln
50 g Butter
2 EL Zucker

FÜLLUNG
3 Blatt weiße Gelatine
1 Bio-Zitrone
250 g Mascarpone
60 g Zucker
1 EL Vanillezucker
2 EL Apfelsaft
150 g Schlagsahne

BELAG
2 Äpfel à 190 g (z. B. Pink Lady)
180 ml Apfelsaft
2 EL Zitronensaft
3 Blatt weiße Gelatine

 Ohne Wartezeit fertig in 50 Minuten

 Pro Stück
ca. 290 kcal, E 4 g,
F 21 g, KH 22 g

FÜR DEN BRÖSELBODEN
— Zwieback in einen Gefrierbeutel geben und mit einer Kuchenrolle fein zerbröseln. Mandeln in einer Pfanne ohne Fett leicht rösten. Butter schmelzen lassen. Zwiebackbrösel, Mandeln, flüssige Butter und Zucker mischen, auf den Boden einer kleinen Springform (Ø 20 cm) geben und mit den Händen zu einem festen Boden zusammendrücken. Den Bröselboden mit Frischhaltefolie abdecken und in den Kühlschrank stellen.

FÜR DIE FÜLLUNG
— Die Gelatine in kaltem Wasser einweichen. Zitrone heiß abspülen, trocken tupfen, Schale fein abreiben. Saft auspressen. Mascarpone, Zucker, Vanillezucker, Zitronensaft und -schale gut verrühren. Apfelsaft in einem kleinen Topf erwärmen. Die Gelatine ausdrücken und im warmen Apfelsaft auflösen. Etwas von der Mascarponecreme in die Gelatinemischung rühren. Gelatine dann unter die restliche Creme rühren.

— Sahne steif schlagen und unter die Mascarponecreme heben. Creme auf den Bröselboden in die Form geben, glatt streichen und für mindestens 2 Stunden in den Kühlschrank stellen.

FÜR DEN BELAG
— Äpfel abspülen, vierteln, die Kerngehäuse entfernen und die Apfelviertel ungeschält würfeln. In 2 EL Apfel- und 2 EL Zitronensaft etwa 3 Minuten dünsten. Die Gelatineblätter in kaltem Wasser einweichen, gut ausdrücken und im restlichen warmen Apfelsaft auflösen. Kalt stellen.

— Wenn der Apfelsaft zu gelieren beginnt, die Apfelwürfel unterrühren und in die Springform auf die Tortenoberfläche geben. Im Kühlschrank mindestens 3 Stunden fest werden lassen.

Himbeer-Joghurt-Torte

Außenrum Schlagsahne, drinnen Joghurtcreme und Beeren zwischen zwei luftigen Biskuit-Böden. Kurz: ein Traum!

ZUTATEN
10 Stücke

BISKUIT
2 Eier
90 g Zucker
1 Prise Salz
¼ TL Bourbon-Vanille (aus der Mühle) oder das Mark von ¼ Vanilleschote
90 g Mehl
½ TL Backpulver

FÜLLUNG
4 Blatt weiße Gelatine
1 Limette
80 g Zucker
400 g griechischer oder Sahnejoghurt (10 % Fett)
300 g Schlagsahne
6 EL Himbeersirup
375 g Himbeeren
evtl. Puderzucker zum Bestäuben

 Ohne Wartezeit fertig in 1 Stunde 15 Minuten

 Pro Stück
ca. 290 kcal, E 6 g, F 15 g, KH 33 g

— Den Backofen auf 200 Grad, Umluft 180 Grad, Gas Stufe 4 vorheizen.

FÜR DEN BISKUIT

— Ganze Eier, Zucker, Salz und Vanille mit den Quirlen des Handrührers in einer großen Schüssel mindestens 8 Minuten schaumig und dickcremig aufschlagen. Mehl und Backpulver dazusieben und nur kurz unterrühren (nächste Seite, Foto 1).

— Biskuit in eine am Boden mit Backpapier ausgelegte Springform (Ø 20 cm) füllen. Im Ofen auf der unteren Schiene etwa 12 Minuten backen. Form aus dem Ofen nehmen und auf einem Kuchengitter über Kopf in der Form abkühlen lassen (Foto 2).

FÜR DIE FÜLLUNG

— Gelatine nach Packungsanweisung in kaltem Wasser einweichen. Die Limette heiß abspülen, trocken tupfen und die Schale fein abreiben. Den Saft auspressen. Zucker, Limettenschale und Joghurt gut verrühren.

— Limettensaft in einem Topf erwärmen. Gelatine ausdrücken und im warmen Limettensaft unter Rühren auflösen. 1–2 EL von der Creme zur Gelatinemischung geben und gut verrühren. Diese Mischung dann langsam zur restlichen Creme gießen und dabei gut rühren. 100 g Sahne steif schlagen und unter die Joghurtcreme rühren.

— Kalten Biskuit einmal quer halbieren (Foto 3). Unteren Boden auf eine Tortenplatte legen. Einen Springformrand oder variablen Tortenring fest darumlegen. Teig mit 2 EL Sirup beträufeln und 150 g Himbeeren daraufgeben. Creme darauf verstreichen (Foto 4).

— Zweiten Boden auf die Creme legen und leicht andrücken, damit der Deckel gut auf der Creme liegt. Die Torte für mindestens 4 Stunden kalt stellen.

Tipp

Wer lieber eine größere Torte (Ø 26 cm) backen möchte, verdoppelt die Zutatenmengen. Die Backzeit erhöht sich dann auf 18–20 Minuten.

Zum Einfrieren die Torte ohne die Sahnehülle in Frischhaltefolie gewickelt einfrieren. Zum Servieren rundherum mit Sahne einstreichen und mit Früchten dekorieren.

1

2

3

4

5

6

7

— Die Torte vorsichtig aus dem Formrand lösen. Die restliche Sahne steif schlagen und die Torte rundherum damit einstreichen (Foto 5).

— Die restlichen Himbeeren auf der Torte verteilen (Foto 6). Mit dem restlichen Himbeersirup beträufeln und etwas Puderzucker darüberstäuben (Foto 7).

Trümmertorte

Liebe auf den ersten Biss, egal ob sich Beeren oder andere Früchte der Saison unter dem Mandelbaiser verstecken

ZUTATEN
12 Stücke

RÜHRTEIG
125 g weiche Butter
125 g Zucker
4 Eigelb
125 g Mehl
½ Päckchen Backpulver

BAISER
4 Eiweiß
150 g Zucker
100 g Mandelblättchen

FÜLLUNG
500 g Erdbeeren (je nach Saison auch Johannisbeeren, Himbeeren, Stachelbeeren, Sauerkirschen oder Mandarinen)
1–2 EL Zucker
1 Päckchen Sahnefestiger
500 g Schlagsahne

— Den Backofen auf 180 Grad, Umluft 160 Grad, Gas Stufe 3 vorheizen.

FÜR DEN RÜHRTEIG

— Butter und Zucker mit den Quirlen des Handrührers mindestens 5 Minuten hell und cremig schlagen. Nach und nach die Eigelbe unterrühren. Mehl und Backpulver mischen und ebenfalls unterrühren.

— Den Teig in 2 Portionen teilen und jede Portion in eine am Boden mit Backpapier ausgelegte Springform (Ø 26 cm) streichen. Der Teig sollte möglichst überall gleichmäßig dick sein.

FÜR DEN BAISER

— Eiweiß steif schlagen, den Zucker langsam einrieseln lassen und weiterschlagen, bis er sich aufgelöst hat. Den Baiser auf die beiden ungebackenen Teigportionen in den Springformen streichen und die Oberfläche mit einem Esslöffel etwas wellig eindrücken. Die Mandelblättchen jeweils darüberstreuen. Jeder Boden besteht jetzt aus einer Teig- und einer Baiserschicht.

— Die Teigböden nacheinander auf der mittleren Schiene etwa 30 Minuten backen. Abkühlen lassen. Einen Teigboden in 12 Stücke schneiden.

FÜR DIE FÜLLUNG

— Erdbeeren abspülen, putzen und in Stücke schneiden. Zucker und Sahnefestiger mischen. Die Sahne steif schlagen und dabei langsam die Zuckermischung einrieseln lassen.

— Erdbeeren unter die Sahne rühren und auf den unzerteilten Teigboden streichen. Die Stücke des zweiten Teigbodens daraufLegen.

 Ohne Wartezeit fertig in
1 Stunde 45 Minuten

 Pro Stück
ca. 430 kcal, E 7 g,
F 28 g, KH 38 g

Tipp

Wenn Sie andere Früchte als Füllung
nehmen, diese mit etwas Tortenguss
oder Speisestärke andicken. Dann zuerst
das Fruchtkompott auf dem Teig
verteilen und anschließend mit der
Sahne bestreichen.

Heidelbeertorte

Damit der Boden schön fluffig wird, den Teig am besten zehn Minuten lang schlagen und erst dann das Mehl zugeben

ZUTATEN

12 Stücke

BISKUIT

4 Eier
80 g weiche Butter
1 Päckchen Vanillezucker
150 g feiner Zucker
80 g Mehl
80 g Speisestärke
1 Päckchen Backpulver

FÜLLUNG UND DEKO

500 g Heidelbeeren
9 EL (etwa 120 g) fertige
rote Grütze
1000 g Schlagsahne

⊢ Den Backofen auf 160 Grad, Umluft 140 Grad, Gas Stufe 2 vorheizen.

FÜR DEN BISKUIT

⊢ Eier trennen. Butter, Eigelbe, Vanillezucker, Zucker und 3 EL warmes Wasser mit den Quirlen des Handrührers mindestens 5 Minuten hell und cremig schlagen.

⊢ Mehl, Stärke und Backpulver mischen, über die Eicreme sieben und kurz unterrühren. Das Eiweiß steif schlagen und unter den Teig heben. Teig in eine mit Backpapier ausgelegte Springform (Ø 28 cm) geben, im Ofen etwa 30 Minuten backen. Abkühlen lassen, aus der Form lösen und den Biskuit einmal waagerecht durchschneiden. Einen Biskuitboden auf eine Tortenplatte legen und den Springformrand fest darumlegen.

FÜR FÜLLUNG UND DEKO

⊢ Heidelbeeren verlesen und abspülen. Auf Küchenkrepp abtropfen lassen. Den Biskuitboden mit etwa 5 EL roter Grütze bestreichen. 400 g Heidelbeeren darauf verteilen. Sahne steif schlagen und mit der restlichen roten Grütze kurz verrühren. Die Hälfte davon auf die Heidelbeeren geben, zweiten Biskuit darauflegen. Biskuit mit den Händen leicht andrücken, die restliche Sahne daraufstreichen und mit den restlichen Heidelbeeren garnieren.

⊢ Torte für mindestens 2 Stunden, besser über Nacht, kalt stellen. Torte aus dem Tortenring lösen und servieren.

 Ohne Wartezeit fertig in
1 Stunde 20 Minuten

 Pro Stück
ca. 450 kcal, E 6 g,
F 33 g, KH 33 g

Tipp

Wenn Sie die Sahne mit dem Handrührer schlagen, am besten in 2 Portionen teilen, sonst dauert es zu lange und die Sahne wird nicht richtig fest.

Pfirsich-Mohn-Torte

Das Glück hat einen Namen und besteht aus lockerem Mohnbiskuit
und fruchtigem Sahnequark

ZUTATEN
12 Stücke

BISKUIT
4 Eier
150 g Zucker
1 Päckchen Vanillezucker
50 g Mehl
150 g Speisestärke
1 EL Backpulver
100 g frisch gemahlener Mohn

FÜLLUNG UND DEKO
500 g Speisequark
200 g Zucker
1 Päckchen Vanillezucker
500 g Schlagsahne
1 Dose Pfirsichhälften (850 g)
40 g Mandelblättchen

 Ohne Wartezeit fertig in
1 Stunde 30 Minuten

 Pro Stück
ca. 465 kcal, E 11 g,
F 22 g, KH 55 g

— Den Backofen auf 180 Grad, Umluft 160 Grad, Gas Stufe 3 vorheizen.

FÜR DEN BISKUIT

— Eier trennen. Eiweiß mit den Quirlen des Handrührers steif schlagen. Zucker und Vanillezucker langsam einrieseln lassen und weiterschlagen, bis sich der Zucker aufgelöst hat.

— Eigelbe und 4 EL kaltes Wasser verquirlen und kurz unter den Eischnee rühren (nächste Seite, Foto 1–2). Mehl, Stärke, Backpulver und Mohn mischen und mit einem Schneebesen kurz unter die Eicreme rühren (Foto 3–4).

— Biskuit in eine am Boden mit Backpapier ausgelegte Springform (Ø 26 cm) geben (Foto 5) und im Ofen etwa 25–30 Minuten backen. Biskuit auf einem Kuchengitter abkühlen lassen, dann aus der Form lösen und zweimal waagerecht durchschneiden (Foto 6).

FÜR DIE FÜLLUNG UND DIE DEKO

— Quark, Zucker und Vanillezucker gut verrühren. Die Sahne steif schlagen und unterheben. Pfirsiche abtropfen lassen und eine Pfirsichhälfte für die Deko beiseitelegen. Restliche Pfirsiche in Spalten schneiden.

— Einen Biskuitboden auf eine Tortenplatte legen. Etwa ein Viertel der Quarkcreme darauf verstreichen und mit Pfirsichspalten belegen (Foto 7). Den zweiten Biskuitboden darauflegen und die Hälfte der restlichen Creme darauf verteilen.

— Letzten Biskuit auflegen. Etwa 4–6 EL von der Creme in einen Spritzbeutel mit Sterntülle füllen und zur Seite legen. Die Torte mit der restlichen Creme rundherum einstreichen.

— Mandelblättchen in einer Pfanne ohne Fett goldgelb rösten, ganz abkühlen lassen und den Rand der Torte damit bestreuen (Foto 8).

Tipp

Den Mohn am besten immer ganz frisch mahlen lassen (Reformhaus). Fertig gemahlenen Mohn rasch verbrauchen, durch den hohen Fettgehalt wird er schnell ranzig.

•— Torte mit Cremetupfen aus dem Spritzbeutel garnieren (Foto 9). Übrige Pfirsichhälfte in Spalten schneiden und die Torte damit garnieren. Torte vor dem Servieren für 2–3 Stunden in den Kühlschrank stellen.

Traditionelle Friesentorte

Wer einmal Blätterteig selbst gemacht hat, wird ihn lieben. Schneller geht's aber mit etwa 450 g fertigem Blätterteig

ZUTATEN
10 Stücke

BLÄTTERTEIG
250 g Mehl
25 g zerlassene Butter
1 Prise Salz
1 Eigelb
250 g kalte Butter
25 g Mehl
Mehl zum Ausrollen

FÜLLUNG
250 g Pflaumenmus
etwas gemahlener Zimt
500 g Schlagsahne (33 % Fett)
1–2 EL Puderzucker zum
Bestäuben

Ohne Wartezeit fertig
in 2 Stunden 10 Minuten

Pro Stück
ca. 365 kcal, E 4 g,
F 26 g, KH 31 g

FÜR DEN BLÄTTERTEIG

— 250 g Mehl in eine Schüssel sieben, flüssige Butter zugießen. Butter und etwas Mehl mit den Händen zu Bröseln verkneten. Salz und Eigelb zufügen und 125 ml kaltes Wasser nach und nach dazugießen. Alles mit den Händen zu einem glatten Teig verkneten (nächste Seite, Foto 1). In Frischhaltefolie wickeln und für 30 Minuten kalt stellen.

— Die kalte Butter in kleine Würfel schneiden und das Mehl darüberstäuben. Butter und Mehl gut verkneten und zwischen 2 Lagen Frischhaltefolie legen. Die Butter zu einem Quadrat von etwa 19 cm Seitenlänge ausrollen und im Kühlschrank mindestens 30 Minuten gut durchkühlen lassen.

— Den Mehlteig auf wenig Mehl zu einem Rechteck von etwa 20 × 40 cm Größe ausrollen. Das kalte Butterquadrat auf eine Teighälfte legen, die andere Teighälfte darüberklappen (Foto 2). Die Teigränder gut andrücken. Das Teigpäckchen zu einem länglichen Rechteck ausrollen. Jeweils von unten und oben etwa ein Drittel des Teiges zur Mitte überklappen (Foto 3). Dieses dreilagige Teigpäckchen nochmals ausrollen.

— Den ausgerollten Teig nochmals jeweils wieder von oben und unten zu einem Drittel überklappen und das gefaltete Teigpäckchen für mindestens 30 Minuten in den Kühlschrank stellen.

— Teig auf wenig Mehl nochmals länglich ausrollen und zu jeweils einem Drittel wieder zur Mitte hin überklappen. 30 Minuten kalt stellen. *Durch das Ausrollen, Zusammenfalten und Kühlen des Teiges entstehen die feinen blättrigen Schichten.*

— Den Backofen auf 180 Grad, Umluft 160 Grad, Gas Stufe 3 vorheizen.

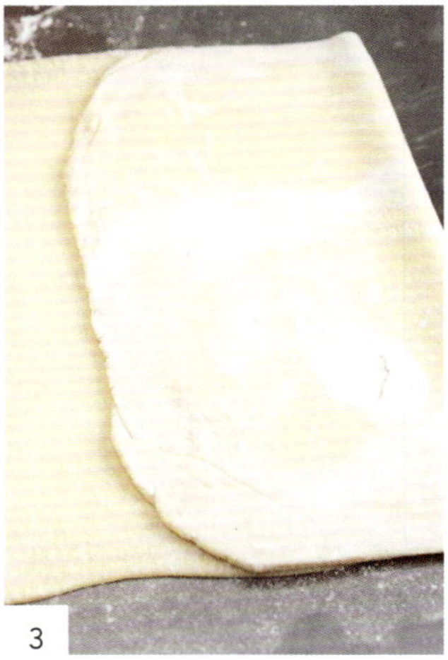

— Teig nochmals zu einem Rechteck von etwa 30 × 60 cm Größe ausrollen. Mit einem Springformrand (Ø 28 cm) 2 Tortenböden markieren und dann ausschneiden (Foto 4). Die Tortenböden auf 2 mit Wasser abgespülte Backbleche legen und im Ofen je etwa 30 Minuten backen. Abkühlen lassen.

FÜR DIE FÜLLUNG

Einen Blätterteigboden auf eine Tortenplatte legen, mit dem Pflaumenmus bestreichen und etwas Zimt darüberstäuben (Foto 5). Die Sahne steif schlagen, in einen Spritzbeutel mit großer Sterntülle füllen und auf das Mus spritzen (Foto 6).

— Zweiten Teigboden mit Puderzucker bestäuben und auf die Sahne setzen (Foto 7). *Das Schneiden der Torte wird einfacher, wenn man den zweiten Teigboden in 10 Stücke schneidet, bevor man ihn auf die Sahne setzt.*

Pharisäer-Torte

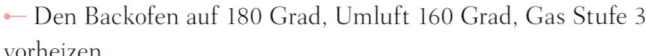

Die Sahne wird mit ordentlich Rum aromatisiert, der Biskuit mit Kaffee – köstlich, aber nur für die Großen

ZUTATEN

12 Stücke

BISKUIT

4 Eier
125 g Zucker
1 Päckchen Vanillezucker
1 Prise Salz
2 EL lösliches Kaffeepulver
75 g Mehl
25 g Speisestärke
1 TL Backpulver

FÜLLUNG

6 Blatt weiße Gelatine
¼ l Milch
50 g Zucker
4 Eigelb
4 EL Rum
250 g Schlagsahne

BELAG

250 g Schlagsahne
etwa 50 g Schokoraspel

Ohne Wartezeit fertig in 1 Stunde 20 Minuten

Pro Stück
ca. 315 kcal, E 7 g, F 19 g, KH 26 g

— Den Backofen auf 180 Grad, Umluft 160 Grad, Gas Stufe 3 vorheizen.

FÜR DEN BISKUIT

— Eier, Zucker, Vanillezucker, Salz und Kaffeepulver mit den Quirlen des Handrührers etwa 8 Minuten hellcremig schlagen. Mehl, Stärke und Backpulver über die Eicreme sieben, mit einem Schneebesen kurz unterheben.

— Biskuitmasse in eine am Boden mit Backpapier ausgelegte Springform (Ø 26 cm) geben. Im Ofen etwa 25–30 Minuten backen. In der Form umgedreht auf einem Kuchengitter abkühlen lassen. Den kalten Biskuit mit einem Messer vom Rand lösen und aus der Form stürzen.

FÜR DIE FÜLLUNG

— Gelatine in kaltem Wasser etwa 5–10 Minuten einweichen. Milch, Zucker und Eigelbe in einem Topf mit dem Schneebesen verrühren und langsam nur kurz aufkochen lassen. Dabei kräftig rühren, die Eigelbe nicht ausflocken. Vom Herd nehmen und kurz abkühlen lassen.

— Gelatine mit den Händen ausdrücken und in der warmen Eigelbcreme auflösen, den Rum unterrühren. Creme abkühlen lassen und kalt stellen. Sahne steif schlagen. Sobald die Gelatinecreme anfängt, fest zu werden, die Sahne unterheben.

— Den Biskuit einmal waagerecht durchschneiden und einen Biskuitboden auf eine Tortenplatte legen. Einen Springformrand oder variablen Tortenring fest darumlegen. Die Creme auf dem Biskuit verstreichen, den zweiten Biskuitboden darauflegen und mit den Händen leicht andrücken. Für mindestens 2–3 Stunden kalt stellen.

FÜR DEN BELAG

— Die Sahne steif schlagen. Torte aus dem Ring lösen und rundherum damit einstreichen. Torte mit Schokoraspeln garnieren.

Erdbeertorte

MIT HOLUNDERCREME

Gelingt ganz ohne backen und schmeckt nach Sommer: Amaretti-Bröselboden,
Holunderblütenfrischkäse und saftige Beeren

ZUTATEN
10 Stücke

KEKSBODEN
50 g Butterkekse
50 g Amaretti-Kekse
60 g Butter
2 EL Zucker

BELAG
4 Blatt weiße Gelatine
1 Bio-Zitrone
400 g Frischkäse (ohne Salz)
100 ml Holunderblütensirup
1 EL Vanillezucker
200 g Schlagsahne
400–500 g möglichst kleine
Erdbeeren
1 Päckchen (Erdbeer-)Tortenguss

FÜR DEN KEKSBODEN

▬ Butterkekse und Amaretti fein zerbröseln. Butter schmelzen lassen und zusammen mit dem Zucker zu den Bröseln geben und gut mischen.

▬ Die Bröselmischung auf den Boden einer kleinen mit Backpapier ausgelegten Springform (Ø 20 cm) geben und mit den Händen zu einem festen Boden zusammendrücken. Kalt stellen.

FÜR DEN BELAG

▬ Gelatine in kaltem Wasser einweichen. Zitrone heiß abspülen, trocknen. Schale fein abreiben, Saft auspressen.

▬ Frischkäse, Holunderblütensirup, Vanillezucker, Zitronensaft und -schale verrühren.

▬ Gelatine ausdrücken und in einem kleinen Topf auflösen. Etwas von der Frischkäsecreme in die flüssige Gelatine rühren. Gelatinemischung dann unter die restliche Frischkäsecreme rühren.

▬ Sahne steif schlagen und unter die Creme heben. Creme auf den Bröselboden in die Form geben, glatt streichen und für mindestens 2 Stunden in den Kühlschrank stellen.

▬ Erdbeeren abspülen, putzen und auf Küchenkrepp abtropfen lassen. Erdbeeren halbieren und den Kuchen damit belegen.

▬ Tortenguss nach Packungsanweisung zubereiten, über die Erdbeeren gießen und kalt stellen.

 Ohne Wartezeit fertig in
45 Minuten

 Pro Stück
ca. 295 kcal, E 6 g,
F 18 g, KH 27 g

Cappuccino-Torte

Himbeeren, Mandeln und Kaffee
ergänzen sich aufs Feinste. Eine Torte mit Stil!

ZUTATEN
16 Stücke

MANDELBISKUIT
4 Eier
130 g Puderzucker
200 g gemahlene Mandeln
70 g Mehl
2 Eiweiß
65 g Zucker
20 g Butter
50 g Zartbitter-Kuvertüre

ZUM TRÄNKEN
150 g frische oder TK-Himbeeren
50 g Amaretto-Likör oder
Mandelsirup

CAPPUCCINO-SAHNE
2 Blatt weiße Gelatine
700 g Schlagsahne
4–5 EL Instant-Cappuccino-Pulver
1 EL Kakaopulver
85 g gehackte Mandeln
1 EL Zucker (15 g)
375 g frische oder TK-Himbeeren

DEKO
50 g Mandelblättchen
etwa 50–60 Kaffeebohnen

 Ohne Wartezeit fertig in
1 Stunde 30 Minuten

 Pro Portion
ca. 415 kcal, E 9 g,
F 31 g, KH 24 g

→ Den Backofen auf 200 Grad, Umluft 180 Grad, Gas Stufe 4
vorheizen.

FÜR DEN BISKUIT

→ Eier und Puderzucker mit den Quirlen des Handrührers min-
destens 8 Minuten lang zu einer dicken hellen Eicreme schlagen.
Mandeln und Mehl gut mischen und mit einem Schneebesen
locker unter die Eischaummasse heben (nächste Seite, Foto 1).
Nicht zu viel rühren, damit der Teig locker und schaumig bleibt.
Eiweiß und Zucker mit den Quirlen des Handrührers steif schla-
gen. Butter schmelzen. Eischnee und flüssige Butter unter den
Teig heben und dabei nicht zu viel rühren.

→ Boden einer Springform (Ø 24 cm) mit Backpapier auslegen
und den Teig einfüllen. Den Springformrand nicht einfetten oder
mit Backpapier auslegen, weil der Biskuit am Rand »hochklettern« muss. Teig im Ofen etwa 18–20 Minuten backen. Fertig gebackenen Biskuit aus dem Ofen nehmen und auf einem Kuchengitter über Kopf in der Form abkühlen lassen. So kann der Teig
nicht zusammenfallen.

→ Den Biskuit rundherum vorsichtig mit einem Messer vom
Springformrand lösen und den Rand abnehmen. Biskuit mit der
Oberseite nach unten auf das Gitter legen, Springformboden
abnehmen und das Backpapier abziehen. Den Tortenboden am
besten mit einem langen Wellenschliff-Messer zweimal waagerecht durchschneiden, damit 3 gleiche Böden entstehen.

→ Die Kuvertüre hacken und in einer Schüssel im heißen Wasserbad unter Rühren schmelzen lassen. Einen Biskuitboden mit
der Schokolade bestreichen (Foto 2), trocknen lassen (dauert
etwas) und mit der Schokoladenseite nach unten auf eine Tortenplatte legen. Die Schokolade verhindert, dass der Boden durchweicht.

→

ZUM TRÄNKEN

— Himbeeren und 2–3 EL Wasser in einem kleinen Topf aufkochen, zerdrücken und durch ein feines Sieb streichen (Foto 3). Amaretto unterrühren und die Flüssigkeit kalt stellen.

FÜR DIE CAPPUCCINO-SAHNE

— Gelatine nach Packungsanweisung in kaltem Wasser einweichen. Sahne steif schlagen. Cappuccino-Pulver und Kakao mischen, mit einem Schneebesen unter die geschlagene Sahne heben. Gelatine ausdrücken und in einem kleinen Topf bei kleiner Hitze schmelzen lassen. Etwa 5 EL von der Cappuccino-Sahne unter die Gelatine rühren, diese Mischung unter die restliche Sahne rühren. Gehackte Mandeln und Zucker mischen, ebenfalls unter die Sahne mischen. Etwa 150 g Cappuccino-Sahne zum Garnieren in einen Spritzbeutel mit großer Lochtülle geben. Beide Sahneportionen kalt stellen.

— Einen Springformrand oder variablen Tortenring um den bestrichenen Biskuitboden legen. Der Ring sollte rundherum etwa 2–3 mm größer sein als der Tortenboden, damit dieser Spalt mit Sahne gefüllt wird (Foto 4). So muss die Torte später nicht mehr am Rand eingestrichen werden. Etwa 3–4 EL der kalten Himbeerflüssigkeit abmessen und mit einem Pinsel gleichmäßig auf den Biskuitboden streichen (Foto 5), dadurch wird die Torte besonders saftig und erhält zusätzlich ein feines Mandelaroma.

— 1/3 der Cappuccino-Sahne auf den unteren Boden streichen, dabei den Spalt ebenfalls füllen (Foto 6). Den zweiten Biskuitboden daraufsetzen. Gut die Hälfte der Himbeerflüssigkeit mit einem Pinsel gleichmäßig darauf verteilen. Ein weiteres Drittel Sahne darauf verstreichen. 12–16 Himbeeren beiseitestellen. Restliche Himbeeren leicht in die Sahne drücken (Foto 7). Noch 1–2 EL Sahne auf die Himbeeren streichen, dadurch haftet der letzte Biskuitboden besser. Den letzten Boden auflegen und wie beschrieben mit der Himbeerflüssigkeit einstreichen. Restliche Cappuccino-Sahne daraufstreichen. Die Sahne im Spritzbeutel als kleine Tupfen auf die Torte spitzen. Torte für mindestens 4 Stunden kalt stellen. Dann vorsichtig aus dem Ring lösen und den Rand eventuell noch einmal mit einer Palette glatt streichen.

FÜR DIE DEKO

— Den unteren Tortenrand rundherum mit Mandelblättchen bestreuen (Foto 8). Restliche Himbeeren auf die Sahnetupfen setzen und rundherum mit Kaffeebohnen verzieren.

Käsesahnetorte

Ein Traum in Weiß und super vorzubereiten. Denn diese Torte kann
sogar eingefroren werden!

ZUTATEN
10 Stücke

BISKUIT
3 Eier
135 g Zucker
1 Prise Salz
135 g Mehl

KÄSESAHNE
12 Blatt weiße Gelatine
1 Bio-Zitrone
7 ganz frische Eigelb
250 g Zucker
900 g Speisequark (20 %)
150 g Schlagsahne
200 g Schlagsahne zum
Einstreichen
2–3 EL Puderzucker zum
Bestäuben

 Ohne Wartezeit fertig in
2 Stunden

 Pro Stück
ca. 485 kcal, E 18 g,
F 21 g, KH 55 g

◗— Den Backofen auf 200 Grad, Umluft 180 Grad, Gas Stufe 4
vorheizen.

FÜR DEN BISKUIT

◗— Die Eier zusammen mit dem Zucker und dem Salz mit den
Quirlen des Handrührers mindestens 8 Minuten dickcremig
schlagen. Die Eimasse sollte ganz feinschaumig und nicht mehr
flüssig sein. Das Mehl darübersieben und mit einem Schneebesen unterheben. Dabei nicht so viel rühren, weil der Teig sonst
seine Luftigkeit verliert und nicht mehr aufgeht. Die kleinen
Luftbläschen dehnen sich bei Hitze aus und machen die Teig-
krume damit locker.

◗— Biskuitmasse in eine am Boden mit Backpapier ausgelegte
Springform (Ø 22 cm) füllen. Im Ofen auf der mittleren Schiene
etwa 20 Minuten backen. Die Form aus dem Ofen nehmen und
ein Kuchengitter darauflegen. Gitter und Form drehen, sodass
der Biskuit über Kopf in der Form auf dem Kuchengitter abkühlt.
Wichtig dabei: Durch das Gitter muss von unten Luft an den
Teig kommen, damit die Feuchtigkeit entweichen kann. Den
Biskuit ganz abkühlen lassen und dann erst aus der Springform
lösen.

◗— Wenn die Torte ganz besonders fein werden soll (wie vom
Konditor), die gebräunte Oberfläche ganz knapp abschneiden,
sodass nur der helle Biskuit zurückbleibt. Das dient lediglich
einem hübschen Aussehen, damit die Torte beim Anschneiden
oben keinen braunen Teigrand hat.

FÜR DIE KÄSESAHNE

◗— Gelatine nach Packungsanweisung in kaltem Wasser einweichen. Dabei die Blätter einzeln ins Wasser legen. Werden sie
zusammen als dicker Stapel ins Wasser gelegt, kann es passieren,
dass die Blätter außen verkleben und in der Mitte nicht mehr
quellen können.

➤

Tipp

Die Torte kann gut eingefroren werden.
Am Tag vor dem Servieren die Torte
im Kühlschrank auftauen lassen. Vor dem
Servieren mit Sahne einstreichen und
mit Puderzucker bestäuben.

— Die Zitrone heiß abspülen, trocken tupfen und die Schale auf einer Küchenreibe fein abreiben (Foto 1). Den Zitronensaft auspressen. Eigelbe, 150 g Zucker und Zitronenschale zusammen mit den Quirlen des Handrührers mindestens 5 Minuten dick und cremig aufschlagen (Foto 2).

— Die Eicreme, den restlichen Zucker und den Quark gut verrühren. Den Zitronensaft in einem kleinen Topf erwärmen. Die Gelatine gut ausdrücken (Foto 3) und im warmen Zitronensaft unter Rühren ganz auflösen. 1–2 EL von der Quarkcreme zur Gelatinemischung geben und gut verrühren (Foto 4). Diese Mischung langsam zur restlichen Quarkcreme geben und dabei gut rühren, damit die Gelatine in der Creme keine Schlieren bildet (Foto 5). Sahne steif schlagen und unter die Quarkcreme rühren.

— Den kalten Biskuit einmal quer halbieren (Foto 6). Den unteren Boden auf eine Tortenplatte legen. Einen Springformrand oder variablen Tortenring fest darumlegen. Quarkcreme einfüllen (Foto 7–8) und glatt streichen. Den zweiten Boden darauflegen und leicht andrücken, damit der Deckel gut auf der Creme liegt. Die Torte für mindestens 3–4 Stunden kalt stellen oder gut verpackt einfrieren (siehe Tipp auf S. 89).

— Die Torte vorsichtig aus dem Rand lösen. Die Sahne steif schlagen und die Torte rundherum damit einstreichen. Das geht gut mit einer langen breiten Palette. Damit die Sahne schön glatt wird, die Palette von Zeit zu Zeit in heißes Wasser tauchen, gut trocken wischen und dann die Sahne damit glätten. Die Tortenstücke auf der Oberfläche mit einem Messer markieren. Kurz vor dem Servieren den Puderzucker darübersieben.

Eierlikörtorte

Hier wird eine halbe Flasche guter Eierlikör gebraucht – und der ist wirklich durch nichts zu ersetzen. Für Kinder ist die Torte deshalb tabu

ZUTATEN
12 Stücke

HASELNUSSBISKUIT
4 Eier
75 g Zucker
60 g weiche Butter
1 TL Backpulver
190 g gemahlene Haselnüsse
75 g geraspelte Halbbitter-
Kuvertüre

EIERLIKÖRSAHNE
2 Blatt weiße Gelatine
450 g Schlagsahne
75 ml Eierlikör

EIERLIKÖRGUSS
3 Blatt weiße Gelatine
250 ml Eierlikör

DEKO
125 g Schlagsahne
1 TL Puderzucker
10 g Schokoraspel
ganze Mandeln oder
Nusskerne

 Ohne Wartezeit fertig in
2 Stunden

 Pro Stück
ca. 465 kcal, E 8 g,
F 36 g, KH 21 g

— Den Backofen auf 180 Grad, Umluft 160 Grad, Gas Stufe 3 vorheizen.

FÜR DEN HASELNUSSBISKUIT

— Eier trennen. Zuerst Eiweiß und Zucker mit den Quirlen des Handrührers zusammen steif schlagen. Dabei müssen Schüssel und Quirle blitzsauber sein, sonst wird das Eiweiß nicht steif. Das Eiweiß muss so fest sein, dass man die Schüssel mit Inhalt auf den Kopf stellen kann.

— Anschließend Eigelbe und weiche Butter schaumig schlagen, bis keine Butterflöckchen mehr sichtbar sind. Backpulver und Haselnüsse mischen und zusammen mit den Schokoladenraspeln zur Eigelb-Butter-Mischung geben. Den Eischnee dazugeben und alles vorsichtig mit einem großen Schneebesen locker unterheben. Nicht zu heftig rühren, damit die Luft im Biskuit bleibt.

— Den Boden einer Springform (Ø 24 cm) mit Backpapier auslegen. Der Rand wird nicht mit Backpapier ausgelegt oder gefettet, damit der Teig beim Backen am Springformrand »hochklettern« kann. Teig einfüllen und im Backofen auf der mittleren Schiene etwa 45 Minuten, eventuell weniger, backen. Aus dem Ofen nehmen und über Kopf auf einem Kuchengitter ganz abkühlen lassen. Nicht auf einen Teller legen, es muss Luft von unten an den Biskuit kommen.

— Biskuit vorsichtig mit einem schmalen Messer vom Rand lösen. Springformrand abnehmen und den Biskuit auf ein Kuchengitter stürzen. Das Papier abziehen. Den Tortenboden auf eine Tortenplatte legen und den sauberen Springformrand bzw. Tortenring wieder um den Boden legen (nächste Seite, Foto 1).

FÜR DIE EIERLIKÖRSAHNE

— Gelatine nach Packungsanweisung in kaltem Wasser einweichen. Schlagsahne steif schlagen. Die eingeweichte Gelatine ausdrücken (Foto 2). Eierlikör erhitzen und die ausgedrückte Gela-

tine darin unter Rühren ganz auflösen (Foto 3). 1 EL Schlagsahne unterheben und dann mit der restlichen Schlagsahne mischen. Eierlikörsahne auf dem Tortenboden verstreichen. Die Oberfläche mit einer Palette möglichst glatt und eben streichen (Foto 4–5). Die Torte für mindestens 1 Stunde kalt stellen.

FÜR DEN EIERLIKÖRGUSS

▬ Gelatine nach Packungsanweisung in kaltem Wasser einweichen. Eierlikör leicht erwärmen. Gelatine gut ausdrücken und im Eierlikör unter Rühren ganz auflösen (Foto 6). Den Guss etwas abkühlen und fester werden lassen. Auf der Torte verteilen (Foto 7). Die Torte dann für etwa 3 Stunden kalt stellen.

FÜR DIE DEKO

▬ Den Tortenring oder Springformrand entfernen. Sahne ganz steif schlagen und mit dem Puderzucker süßen. In einen Spritzbeutel mit mittelgroßer Sterntülle geben und Tupfen auf die Torte spritzen. Die Tupfen mit Schokoraspeln bestreuen und in jeden Tupfen eine Mandel oder einen Haselnusskern setzen (Foto 9).

Hansen-Jensen-Torte

Ob Herr Hansen und Frau Jensen die Torte erfunden haben, wissen wir nicht.
Aber wir wissen, wie sie schmeckt: großartig!

ZUTATEN
10 Stücke

RÜHRTEIG
100 g weiche Butter
100 g Zucker
1 Päckchen Vanillezucker
4 Eigelb
125 g Mehl
½ Päckchen Backpulver
1 Prise Salz
etwa 2 EL Milch

BAISERMASSE
4 Eiweiß
150 g Zucker
80 g Mandelblättchen

KIRSCHFÜLLUNG
1 Glas Sauerkirschen (Abtropfgewicht 370 g)
30 g Speisestärke
30 g Zucker
400 g Schlagsahne
2 Päckchen Sahnefestiger
evtl. Puderzucker zum
Bestäuben

 Ohne Wartezeit fertig in
2 Stunden 30 Minuten

 Pro Stück
ca. 490 kcal, E 7 g,
F 28 g, KH 52 g

► Den Backofen auf 180 Grad, Umluft 160 Grad, Gas Stufe 3 vorheizen.

FÜR DEN RÜHRTEIG

► Weiche Butter, Zucker und Vanillezucker mit den Quirlen des Handrührers mindestens 5 Minuten cremig schlagen. Wenn die Butter schön weich ist, löst sich der Zucker schneller und die Mischung verbindet sich auch besser mit den anderen Zutaten. Die Eigelbe nach und nach unter die Buttermischung schlagen (nächste Seite, Foto 1). Mehl, Backpulver und Salz mischen und ebenfalls unterrühren, eventuell vorher sieben, das macht den Teig feiner (Foto 2). Die Milch dazugeben und rühren, bis ein glatter Teig entstanden ist. Wenn der Teig sehr fest ist, noch 1–2 EL Milch dazugeben.

► 2 Springformen (Ø 24 cm) am Boden mit Backpapier auslegen und jeweils die Hälfte des Teiges einfüllen. Die Böden nacheinander auf der mittleren Schiene etwa 10 Minuten hellgelb vorbacken. Eventuell auch nacheinander backen.

FÜR DIE BAISERMASSE

► Eiweiß und Zucker mit den Quirlen des Handrührers steif schlagen. Dafür müssen Schüssel und Quirle ganz sauber sein und dürfen auch keine Fett- oder Eigelbspuren haben, sonst gelingt der Eischnee nicht. Der Eischnee muss so fest sein, dass man die Schüssel umdrehen kann, ohne dass etwas herausfließt.

► Jeweils die Hälfte der Baisermasse auf jeden Boden streichen und mit einem Esslöffel wellig verstreichen (Foto 3). Jeweils 40 g Mandelblättchen darüberstreuen. Die beiden Böden auf den Backofenrost oder das Backblech legen und etwa 12–15 Minuten bei gleicher Temperatur weiterbacken, bis die Mandelblättchen leicht gebräunt sind.

► Die fertig gebackenen Böden rundherum mit einem Messer vom Rand lösen und einen der beiden Böden sofort und noch

►

warm in 10 Tortenstücke schneiden (Foto 4). *Wird der Boden nicht vorher in Tortenstücke geschnitten, quillt die Sahnefüllung später beim Zerschneiden aus der Torte, weil mit viel Druck geschnitten werden muss.* Beide Böden ganz abkühlen lassen. Den unzerteilten Boden (Baiserseite nach oben) auf eine Tortenplatte legen. Einen Springformrand oder einen variablen Tortenring fest darumlegen.

FÜR DIE KIRSCHFÜLLUNG

← Die Kirschen in einem Sieb gut abtropfen lassen und den Saft dabei auffangen. 5–6 EL Saft abnehmen und mit der Stärke verrühren. Den restlichen Saft aufkochen und die angerührte Stärke unter Rühren hineingießen. Einmal aufkochen lassen, damit die Stärke auch wirklich richtig gar ist und ausquellen kann. Ist sie nicht gar, behält der Saft einen milchigen Schleier. Den Topf vom Herd nehmen und die Kirschen und den Zucker unterrühren (Foto 5). Etwas abkühlen lassen und das Kirschkompott auf dem Tortenboden verstreichen (Foto 6). Kalt stellen.

← Die Sahne zusammen mit dem Sahnefestiger steif schlagen und auf die Kirschen streichen. Das Kirschkompott muss dafür ganz kalt sein, weil die Sahne sonst wieder flüssig wird. Die zerteilten Tortenbodenstücke auf die Sahne legen und leicht andrücken, sodass sie gut und fest auf der Sahne liegen (Foto 7). Die Torte noch 2–3 Stunden im Kühlschrank durchziehen lassen.

← Kurz vor dem Servieren die Tortenoberfläche dünn mit Puderzucker bestäuben. Dafür den Puderzucker am besten in ein Teesieb geben und leicht mit einem Löffel dagegenklopfen.

Apfel-Schichttorte

Knusprige Böden mit Walnussnusskaramell, Apfelkompott und Schlagsahne schön geschichtet. Ein Gedicht!

ZUTATEN
16 Stücke

TEIG
1 Ei
275 g Mehl
175 g Zucker
1 Prise Salz
175 g kalte Butter
2–3 EL Zucker
200 g Walnusskerne
Mehl zum Ausrollen

FÜLLUNG
850 g Äpfel (z. B. Jonagold)
¼ Bio-Zitrone
45 g Zucker
1 Stück Zimtstange
300 g Schlagsahne
1 Päckchen Vanillezucker
1 TL Puderzucker zum
Bestäuben

Ohne Wartezeit fertig in
1 Stunde 30 Minuten

Pro Stück
ca. 380 kcal, E 5 g,
F 23 g, KH 38 g

FÜR DEN TEIG

— Ei trennen. Mehl, Zucker, Salz, Eigelb und Fettflöckchen erst mit den Knethaken des Handrührers, dann mit den Händen zu einem glatten Teig verkneten. Teig in 5 Portionen teilen, abgedeckt für mindestens 30 Minuten in den Kühlschrank stellen.

— Zucker in einer Pfanne karamellisieren lassen. Walnusskerne dazugeben, kurz rösten und auf einem Stück Alufolie abkühlen lassen. Den Walnusskaramell grob hacken.

FÜR DIE FÜLLUNG

— Äpfel schälen, vierteln, entkernen und würfeln. Zitrone heiß abspülen, Schale mit einem Sparschäler als lange Spirale abschälen. Apfelstücke, Zitronenschale, Zucker und Zimt in einem Topf mischen, 10 Minuten ziehen lassen. Dann bei kleiner Hitze 8–10 Minuten zu einem stückigen Mus kochen lassen. Eventuell mit einer Gabel zerdrücken. Kompott ganz abkühlen lassen.

— Den Backofen auf 180 Grad, Umluft 160 Grad, Gas Stufe 3 vorheizen.

— Jede Teigportion auf wenig Mehl rund ausrollen. Den Boden einer Springform (Ø 20 cm) darauflegen und rundherum ausschneiden. Die Teigböden auf Backpapier legen, dünn mit etwas Eiweiß bestreichen. Je ⅓ der gehackten Nüsse auf jeden Boden streuen. Die Böden nacheinander im vorgeheizten Ofen etwa 8–10 Minuten backen. Auf einem Kuchengitter ganz abkühlen lassen.

— Sahne und Vanillezucker steif schlagen, auf 4 Böden streichen. Zitronenschale und Zimt aus dem kalten Apfelkompott nehmen, Kompott auf die Sahne streichen. Alle Tortenböden übereinandersetzen, mit dem unbestrichenen Boden abschließen. Mindestens 1 Stunde durchziehen lassen. Zum Servieren eventuell mit Puderzucker bestäuben.

Tipp

Die Torte am besten mit einem elektrischen Messer oder einem Messer mit Wellenschliff in Stücke schneiden.

Schokolade

Wenn das Glück einen Namen hat, dann
heißt es Schokolade. Die kleine Schwarze
mit ihrem zarten Schmelz und herber Kakao-
süße ist schon pur ein unwiderstehlicher
Genuss. Wer sie allerdings in unseren saftigen
Kuchen, gehaltvollen Brownies, in knuspriger
Tarte oder üppiger Torte probiert,
wird den Glücklichmacher von ganz neuen,
verführerischen Seiten kennenlernen

Schokoküchlein

Ganz schön raffiniert mit kandiertem Ingwer, doppelt Mandeln machen den Teig super saftig

ZUTATEN

10 Portionen

250 g Zartbitter-Schokolade
175 g Butter
100 g kandierter Ingwer
5 Eier
125 g brauner Rohrzucker
1 gestrichener EL
gemahlener Zimt
¼ TL gemahlene Nelken
175 g gemahlene Mandeln
100 g gehackte Mandeln
1 Prise Salz
Fett für die Förmchen

— Fein gehackte Schokolade und Butter in eine Metallschüssel geben. Über dem heißen Wasserbad schmelzen lassen, nicht zu stark erhitzen und aufpassen, dass kein Wasser in die Schokolade spritzt.

— Den Backofen auf 180 Grad, Umluft 160 Grad, Gas Stufe 3 vorheizen. 10 Timbal- oder Muffin-Förmchen (125 ml Inhalt) oder eine Springform (Ø 24 cm) fetten.

— Den Ingwer sehr fein hacken. 3 Eier trennen und das Eiweiß in einer Schüssel kalt stellen. Zucker, Eigelbe und die restlichen Eier mit den Quirlen des Handrührers etwa 5 Minuten dick und cremig schlagen. Schokoladen-Butter kurz unterrühren. Ingwer, Zimt, Nelken, gemahlene und gehackte Mandeln dazugeben und kurz verrühren.

— Eiweiß und Salz steif schlagen. Etwa ⅓ vom Eischnee unter den Teig rühren, dann den restlichen Eischnee vorsichtig unterheben. Der Eischnee bringt Luft in den schweren Teig und macht ihn auch ohne Backpulver locker.

— Den Teig in die vorbereiteten Förmchen geben und im Ofen etwa 40 Minuten backen. Kuchen in der Form abkühlen lassen. Stürzen und auf kleinen Tellern anrichten.

Fertig in
1 Stunde 15 Minuten

Pro Portion
ca. 535 kcal, E 11 g,
F 41 g, KH 32 g

Dazu halb steif geschlagene Sahne, bestreut mit etwas frisch geriebener Schokolade

Tipp

Die kleinen Kuchen sind ganz schön
üppig. Wenn Sie den Teig in einer
Springform backen, lässt er sich leicht
in 12 oder mehr Portionen teilen.

Brownies

Genießen Sie das große Glück in kleinen Stücken, denn die gehaltvollen Würfel haben es in sich

ZUTATEN

etwa 35 Stück

250 g Butter
185 g Mehl
¼ TL Backpulver
1 Prise Salz
100 g Kakaopulver
500 g Zucker
5 Eier
100 g Walnusskerne
Puderzucker zum Bestäuben

— Butter schmelzen und abkühlen lassen.

— Backofen auf 180 Grad, Umluft 160 Grad, Gas Stufe 3 vorheizen.

— Eine quadratische Backform (ca. 23 cm Seitenlänge) mit Backpapier auslegen.

— Mehl, Backpulver, Salz und Kakao sieben. Mit dem Zucker in einer Rührschüssel mischen.

— Eier nacheinander und im Wechsel mit der Butter unter die Mehlmischung rühren.

— Zum Schluss die Walnüsse unterheben, dabei eine Handvoll für die Deko zurückbehalten. Den Teig in die vorbereitete Form füllen. Den Teig im Ofen 35–40 Minuten backen.

— Herausnehmen, kurz abkühlen lassen und in kleine Stücke schneiden. Mit den restlichen Walnüssen dekorieren und mit Puderzucker bestäuben. Warm oder kalt servieren.

 Fertig in
1 Stunde 10 Minuten

 Pro Stück
ca. 170 kcal, E 3 g,
F 9 g, KH 19 g

 Dazu Crème fraîche,
Vanille-Eiscreme oder
halbsteif geschlagene
Sahne

Tipp

Statt einer quadratischen Backform
können Sie auch einen variablen
Backrahmen nehmen, der auf
verschiedene Größen eingestellt werden
kann. Den Rahmen dann auf ein
mit Backpapier ausgelegtes Backblech
stellen.

Würziger Schokoladenkuchen

Mit inneren Werten: Im schokoladigen Mandelteig stecken Datteln und weihnachtliche Gewürze wie Zimt und Nelken

ZUTATEN

12 Stücke

250 g Zartbitter-Schokolade
175 g Butter
150 g getrocknete Datteln
(ohne Stein)
5 Eier
125 g brauner Rohrzucker
1 EL gemahlener Zimt
¼ TL gemahlene Nelken
175 g gemahlene Mandeln
100 g gehackte Mandeln
1 Prise Salz

etwa 5 Zimtstangen und ganze
geschälte Mandeln zum Verzieren

Zucker zum Bestreuen

— Schokolade fein hacken und zusammen mit der Butter in eine Metallschüssel geben. Über einem Wasserbad schmelzen lassen.

— Backofen auf 180 Grad, Umluft 160 Grad, Gas Stufe 3 vorheizen. Kastenform (Länge 28 cm) mit Backpapier auslegen.

— Datteln sehr fein hacken. 3 Eier trennen und das Eiweiß in einer sauberen Schüssel kalt stellen. Zucker, Eigelbe und die restlichen Eier mit den Quirlen des Handrührers 5 Minuten dickcremig schlagen. Die Schokoladen-Butter unterrühren.

— Datten, gemahlenen Zimt, Nelken und die gemahlenen und gehackten Mandeln dazugeben und die Masse gut verrühren.

— Eiweiß und Salz steif schlagen. Etwa ⅓ vom Eischnee unter den Teig rühren, dann den Rest vorsichtig unterheben.

— Den Teig in die vorbereitete Form geben. Zimtstangen und ganze Mandeln zum Verzieren darauflegen und im Ofen 50–60 Minuten backen, dabei zum Schluss eventuell mit Alufolie abdecken.

 Fertig in
1 Stunde 15 Minuten

 Pro Stück
ca. 480 kcal, E 10 g,
F 36 g, KH 30 g

 Dazu aufgeschlagene
Crème fraîche
mit Vanillezucker

Tipp

Lassen Sie den Kuchen ruhig einen Tag durchziehen.

Schokotartes

Knackige Überraschung: Unter der herben Schokofüllung sorgen
Walnussstückchen für leichten Biss

ZUTATEN

8 kleine Tarteformen (Ø 12 cm)

TEIG

1 Vanilleschote
50 g Walnusskerne
300 g Mehl
120 g feiner brauner Zucker
¼ TL Salz
200 g kalte Butter
1 Ei (Größe L)
Fett und Mehl für die Form

FÜLLUNG

600 g Zartbitter-Schokolade
160 g Butter
2 Eier (Größe L)
40 g feiner brauner Zucker
4 EL Cognac
2 gestrichene EL Mehl

 Ohne Wartezeit fertig in
ca. 1 Stunde

 Pro Stück
ca. 450 kcal, E 6 g,
F 26 g, KH 46 g

FÜR DEN TEIG

↳ Vanilleschote längs aufschneiden und das Mark mit einem spitzen Messer herauskratzen. Walnüsse grob hacken.

↳ Mehl, 100 g Zucker, Salz, Butterwürfel, Ei und Vanillemark zunächst mit den Knethaken des Handrührers, dann mit den Händen zu einem glatten Teig verkneten. In Frischhaltefolie wickeln und für etwa 1 Stunde kalt stellen.

↳ Die Förmchen ausfetten und mit Mehl bestäuben.

↳ Teig in 8 gleichgroße Stücke teilen und auf einer bemehlten Arbeitsfläche zu Fladen ausrollen. Teige in die Formen legen und an den Rändern festdrücken. Teigboden mit einer Gabel mehrmals einstechen. Restlichen Zucker und die Walnüsse draufstreuen und die Förmchen für 30 Minuten kalt stellen.

↳ Backofen auf 180 Grad, Umluft 160 Grad, Gas Stufe 3 vorheizen.

↳ Tartes auf der unteren Schiene im vorgeheizten Backofen etwa 12 Minuten vorbacken.

FÜR DIE FÜLLUNG

↳ Inzwischen die Schokolade fein hacken und zusammen mit der Butter über einem nicht zu heißen Wasserbad langsam schmelzen.

↳ Eier und Zucker mit den Quirlen des Handrührers dickcremig aufschlagen.

↳ Eicreme, Cognac und Mehl mit einem Schneebesen unter die Schokomischung heben. Die Schokofüllung auf die vorgebackenen Tartes verteilen, glatt streichen und auf der unteren Schiene im Ofen weitere 10–12 Minuten backen.

↳ Herausnehmen und auf einem Kuchengitter vollständig abkühlen lassen.

Tipp

Falls nicht alle Tartes auf einmal
in den Backofen passen, einfach nacheinander, immer vier auf einmal,
backen.

Schoko-Bohnen-Kuchen

Widerstand zwecklos! Der zartbittere Schoko-Kokos-Kuchen mit weißen Bohnen und Sahne macht süchtig

ZUTATEN
12 Stücke

TEIG
200 g weiße Bohnen a. d. Dose (abgetropft)
1 Vanilleschote
6 EL flüssige Schlagsahne
250 g Zartbitter-Schokolade (55 % Kakaoanteil)
175 g Butter oder Margarine
4 Eier
150 g Zucker
100 g Kokosraspel
1 Prise Salz
Fett für die Form

DEKO
Kokospralinen, Kokosflocken und -raspeln zum Verzieren

FÜR DEN TEIG

— Vanilleschote längs aufschneiden und das Mark herauskratzen. Bohnen, Vanillemark und Sahne mit dem Stabmixer sehr fein pürieren.

— Backofen auf 180 Grad, Umluft 160 Grad, Gas Stufe 3 vorheizen.

— Schokolade fein hacken. Schokolade und Butter über einem nicht zu heißen Wasserbad langsam schmelzen. Vom Herd nehmen und abkühlen lassen.

— 3 Eier trennen, das Eiweiß kalt stellen. Eigelbe, restliches Ei und den Zucker etwa 5 Minuten mit den Quirlen des Handrührers dickcremig aufschlagen. Die abgekühlte Schoko-Butter-Mischung unterrühren. Bohnenpüree und Kokosraspel nach und nach untermischen.

— Restliches Eiweiß und Salz steif schlagen und mit einem Schneebesen unter den Teig heben. In eine gefettete Springform (Ø 24 cm) geben und glatt streichen. Etwa 35 Minuten backen. Herausnehmen, auf einem Kuchengitter abkühlen lassen und aus der Form lösen.

FÜR DIE DEKO

— Mit Kokospralinen, Kokosflocken und Raspeln garnieren.

 Ohne Wartezeit fertig in 2 Stunden 15 Minuten

 Pro Stück
ca. 460 kcal, E 8 g,
F 27 g, KH 43 g

Tipp

Backen Sie den Kuchen ruhig schon am Vortag, dann kann er schön durchziehen.

Saftiger Schokoladenkuchen

Damit der Schokoguss richtig schön in den Teig einziehen kann, wird er gleich zweimal mit Kakaobutter getränkt

ZUTATEN

12–16 Stücke

300 g Butter
8 EL Kakao (80 g)
350 g Zucker
250 g Mehl
1 TL Natron
1 Prise Salz
2 Eier (Kl. M)
150 g Schmand
60 ml Milch
200 g Puderzucker

— Backofen auf 200 Grad, Umluft 180 Grad, Gas Stufe 3 vorheizen.

— 200 g Butter, 4 EL Kakao und 200 ml Wasser unter Rühren aufkochen.

— Zucker, Mehl, Natron und eine Prise Salz in einer großen Schüssel mischen. Eier und Schmand zufügen und zusammen mit der Kakaomasse unter die Mehlmischung rühren. In eine gefettete Springform (Ø 26 cm) füllen und im heißen Ofen auf dem Rost im unteren Ofendrittel 30 Minuten backen.

— Inzwischen restliche Butter, restlichen Kakao, Milch und Puderzucker unter Rühren aufkochen.

— Den Kuchen auf einem Gitter in der Form lauwarm abkühlen lassen. Mit einem Spieß (z. B. Essstäbchen) mehrmals einstechen und die Hälfte des Gusses darübergießen. Abkühlen lassen. Kuchen mit einem spitzen Messer aus der Form lösen und auf eine Tortenplatte geben. Restlichen Guss erwärmen und über den Kuchen gießen.

Fertig in ca. 40 Minuten

Pro Stück
ca. 384 kcal, E 3 g,
F 19 g, KH 51 g

Mokka-Mousse-Torte

Großes Glück für Gäste: Zwischen drei Stockwerken lockerem Schokobiskuit
steckt Kaffeecreme vom Feinsten

ZUTATEN
12 Stücke

BISKUITBODEN
5 Eier (Kl. M)
Salz
125 g Mehl
15 g Kakao
50 g zerlassene Butter
Zucker

ZUM BETRÄUFELN
4 EL Kaffeelikör

MOUSSE
5 Blatt weiße Gelatine
½ Vanilleschote
20 g Espresso- oder Kaffeebohnen
Salz
200 ml Milch
4 Eier (Kl. M)
80 g Zucker
2 EL Kaffeelikör
250 ml Schlagsahne (am besten
mit 35 % Fettgehalt)

SCHOKOCREME
150 g Zartbitter-Kuvertüre (70 %)
200 ml Schlagsahne

DEKO
150 g Zartbitterschokolade

 Ohne Wartezeit fertig in
1 Stunde 30 Minuten

 Pro Stück
ca. 406 kcal, E 8 g,
F 25 g, KH 34 g

—► Den Backofen auf 190 Grad, Umluft 170 Grad, Gas Stufe 3
vorheizen.

FÜR DEN BISKUITBODEN
—► Eier, Zucker und ¼ TL Salz mit dem Schneebesen der Küchen-
maschine oder den Quirlen eines Handrührers 10 Minuten sehr
dickcremig aufschlagen. Mehl und Kakao daraufsieben, vorsichtig
mit einem Teigspatel unterheben. Etwas Teig mit der zerlassenen
Butter mischen, vorsichtig unter den übrigen Teig heben (nächste
Seite, Foto 1). Teig in eine am Boden mit Backpapier ausgelegte
Springform (Ø 20 cm) streichen (Foto 2).

—► Im vorgeheizten Ofen auf der untersten Schiene 30 Minuten
backen. In der Form auf einem Gitter abkühlen lassen.

—► Boden aus der Form lösen. Mit einem scharfen Sägemesser
waagerecht in drei gleich dicke Böden schneiden und den mittleren zu einem kleineren Kreis (Ø 12 cm) ausstechen. Den unteren
Boden auf eine Platte legen und mit einem Tortenring umspan-
nen. Zum Beträufeln den Kaffeelikör mit 4 EL Wasser verrühren
und mit der Hälfte davon den unteren Boden mithilfe eines Pin-
sels tränken.

FÜR DIE MOUSSE
—► Die Gelatine in kaltem Wasser einweichen. Vanilleschote längs
einritzen, das Mark herauskratzen. Kaffeebohnen, Vanillemark
und -schote, 1 Prise Salz und Milch aufkochen, dann 30 Minuten
ziehen lassen.

—► Durch ein Sieb gießen und erneut aufkochen (Foto 4). Eigelbe,
Zucker und Likör über dem heißen Wasserbad luftig aufschlagen
(Foto 5). Heiße Milch langsam unter Rühren zugießen. Mit einem
Teigspatel rühren, bis die Masse andickt. Die Schüssel sofort in
kaltes Wasser stellen. Die ausgedrückte Gelatine dann in der war-
men Flüssigkeit auflösen und abkühlen lassen (Foto 6).

►

Tipps

Der mittlere Teigboden wird kleiner geschnitten, damit die Creme den Kuchen umhüllt und ihn so stabilisiert. Die Biskuitbodenreste kann man übrigens wunderbar als süßen Snack zum Kaffee reichen. Dazu die Reste einfach in Stückchen schneiden, vorsichtig in flüssige Schokolade tauchen und auf einem Kuchengitter trocknen lassen.

Die Torte lässt sich gut vorbereiten. Also alles schon am Vortag einschichten und dann in der Form über Nacht in den Kühlschrank stellen. Das macht die Schichttorte schön stabil. Nur die Hülle aus Schokocreme kommt mit der Verzierung erst vor dem Servieren auf und um die Torte.

▸ Sahne steif schlagen und sobald die Creme zu stocken beginnt, unterheben. Die Hälfte der Mousse auf den Boden streichen und mit dem kleinen Boden belegen. Den Boden mit der übrigen Hälfte der Kaffeelikör-Wasser-Mischung tränken. Die restliche Mousse darauf glatt streichen und mit dem dritten Boden belegen (Foto 7–8). Mindestens 4 Stunden, am besten über Nacht, kalt stellen.

FÜR DIE SCHOKOCREME

▸ Die Kuvertüre hacken. Sahne aufkochen, Kuvertüre zugeben, glatt rühren, dann abkühlen lassen. Torte mit einem dünnen Messer aus der Form lösen, auf eine Tortenplatte geben. Die Schokocreme mit einem Stabmixer cremig rühren, die Torte rundherum damit einstreichen (Foto 9). Ca. 3 Stunden kalt stellen. Die Torte 20 Minuten vor dem Servieren aus dem Kühlschrank nehmen.

FÜR DIE DEKO

▸ Mit einem Messer oder Sparschäler die Schokolade in dünne Späne hobeln und damit die Torte garnieren.

Käsekuchen

Kennen Sie schon den besten
Käsekuchen der Welt? Wir haben gleich
neun Lieblingsrezepte für Sie: Allesamt supersaftig und herrlich cremig – von klassisch bis
fruchtig, mit Obst oder Streuseln, vom Blech
und als Muffins, noch lauwarm aus dem
Ofen oder schön erfrischend aus dem Kühlschrank – hier findet garantiert jeder seinen
persönlichen Favoriten

Käse-Kirsch-Kuchen

MIT MOHN

Ohne Boden – dafür schnell und einfach gemacht, supersaftig und mit dem Mohnmuster ein richtiges Schmuckstück

ZUTATEN

16 Stücke

250 g weiche Butter
350 g Zucker
6 Eier
1 EL Mehl
1 TL Backpulver
2 Päckchen Sahnepudding-
pulver à 40 g
1 kg Speisequark (20 %)
180 g Mohnback (backfertige
Mohnmischung)
500 g Sauerkirschen
Fett für die Form
Puderzucker zum Bestäuben

— Butter und Zucker mit den Quirlen des Handrührers etwa 5 Minuten cremig rühren. Eier, Mehl, Backpulver und das Puddingpulver mit einem Schneebesen glatt rühren. Zu der Zuckermischung geben und alles gründlich miteinander verrühren. Den Quark gut unterrühren.

— Den Backofen auf 180 Grad, Umluft 160 Grad, Gas Stufe 3 vorheizen.

— 6 EL von der Quarkmasse abnehmen und mit dem Mohnback glatt rühren. Die restliche Quarkmasse in eine gefettete Springform (Ø 28 cm) geben. Den Mohnquark daraufgeben und mit einem Löffel unterrühren, sodass ein Marmormuster entsteht. Kuchen im Backofen auf der unteren Schiene etwa 1 Stunde backen.

— Die Kirschen abspülen, trocken tupfen und entsteinen. Kirschen nach etwa 25 Minuten Backzeit auf dem Kuchen verteilen und fertig backen.

— Den Backofen ausschalten und den Kuchen noch etwa 1 Stunde darin stehen lassen. Den Ofen dabei geschlossen halten. Den Käsekuchen auf einem Kuchengitter in der Form vollständig abkühlen lassen. Zum Servieren mit Puderzucker bestäuben.

Fertig in
1 Stunde 20 Minuten

Pro Stück
ca. 370 kcal, E 11 g,
F 20 g, KH 35 g

Tipp

Für einen Blechkuchen die Zutaten verdoppeln und den Kuchen eventuell nur 40 Minuten im Ofen backen.

Käsekuchen
MIT STREUSELN

Ein Hauch von Orange macht Quark und Mandelstreusel leicht fruchtig und den Kuchen unwiderstehlich!

ZUTATEN
16 Stücke

STREUSEL
250 g Mehl
1 Prise Salz
100 g gemahlene Mandeln
200 g weiche Butter
150 g Zucker
1 Bio-Orange
2 Päckchen Vanillezucker

BELAG
1 kg Magerquark
100 g gelbe Rosinen
4–6 EL Orangenlikör
6 Eier (Kl. M)
300 g Zucker
250 g Butter
1 Päckchen Vanillepuddingpulver (40 g)
1–2 EL gehobelte Mandeln
oder Haselnüsse

FÜR DIE STREUSEL

⮕ Mehl, Salz, Mandeln, Butter in Flöckchen, Zucker, fein abgeriebene Schale der Orange und Vanillezucker mit den Fingern zu Streuseln verkneten.

⮕ ⅔ des Teiges in eine Springform (Ø 28 cm) geben und fest zu einem Boden zusammendrücken. Springform und die restlichen Streusel kalt stellen.

FÜR DEN BELAG

⮕ Quark in einem feinen Sieb abtropfen lassen. Rosinen mit Orangenlikör und dem ausgepressten Saft der Orange mischen und 20 Minuten durchziehen lassen.

⮕ Backofen auf 180 Grad, Umluft 160 Grad, Gas Stufe 3 vorheizen.

⮕ 4 Eier trennen und das Eiweiß zu steifem Schnee schlagen. Dabei 100 g Zucker einrieseln lassen und weiterschlagen, bis sich der Zucker gelöst hat.

⮕ Eigelbe, restliche Eier, restlichen Zucker und weiche Butter mit den Quirlen des Handrührers cremig schlagen. Rosinen abtropfen lassen, mit Quark und Puddingpulver gut verrühren. Mit Eigelbmischung vermengen. Zum Schluss Eischnee vorsichtig unterheben.

⮕ Die Masse auf den Streuselboden streichen. Restliche Streusel und gehobelte Nüsse darüberstreuen. Auf der untersten Schiene im Backofen etwa 1 Stunden backen. Nach etwa 3/4 der Backzeit eventuell mit Backpapier abdecken, damit der Kuchen nicht zu dunkel wird.

⮕ Den Ofen ausschalten und bei leicht geöffneter Backofentür den Kuchen darin vollständig auskühlen lassen.

Ohne Wartezeit fertig in
1 Stunde 40 Minuten

Pro Stück
ca. 530 kcal, E 15 g,
F 30 g, KH 50 g

Klassischer Käsekuchen

Den lieben alle! Und weil er im Ofen abkühlt,
bleibt er gut in Form

ZUTATEN
16 Stücke

MÜRBETEIG

250 g Mehl
60 g Zucker
125 g Butter
1 Ei (Kl. M)
1 Pkt. Vanillezucker
1 TL Backpulver
Mehl zum Ausrollen
Fett für die Form

FÜLLUNG

2 Eier (Kl. M)
200 g Zucker
1 Zitrone
500 g Magerquark
1 EL Öl
1 Pkt. Vanillepuddingpulver (40 g)
500 g Schlagsahne

etwas Puderzucker zum
Bestäuben

FÜR DEN MÜRBETEIG

— Mehl, Zucker, Fett in Flöckchen, Ei, Vanillezucker und Backpulver zügig zu einem glatten Mürbeteig verkneten. In Frischhaltefolie wickeln und für 30 Minuten in den Kühlschrank legen.

— Backofen auf 180 Grad, Umluft 160 Grad, Gas Stufe 3 vorheizen. Eine Springform (Ø 26 cm) fetten.

— Teig auf wenig Mehl so ausrollen, dass die Form am Boden und am Rand etwa 3 cm hoch ausgekleidet ist.

FÜR DIE FÜLLUNG

— Eier und Zucker mit den Quirlen des Handrührers etwa 5 Minuten dickcremig rühren.

— Den Zitronensaft auspressen. Quark, Zitronensaft und Öl unter die Eicreme rühren. Vanillepuddingpulver und die Sahne ebenfalls unterrühren. Die flüssige Quarkfüllung auf den Teigboden gießen.

— Kuchen auf der untersten Schiene im Backofen etwa 75 Minuten backen. Eventuell nach 40 Minuten mit Backpapier abdecken, damit er nicht zu dunkel wird.

— Ofen ausschalten und den Käsekuchen darin abkühlen lassen. Dabei einen Holzlöffel zwischen Backofentür und Ofen klemmen, damit die Feuchtigkeit entweichen kann. Zum Abkühlen das Backpapier vom Kuchen nehmen.

— Den Kuchen mit einem breiten Tortenheber vorsichtig aus der Springform lösen. Auf eine Kuchenplatte legen und den Kuchenrand mit Puderzucker bestäuben.

 Ohne Wartezeit fertig in
1 Stunde 45 Minuten

 Pro Stück
ca. 330 kcal, E 10 g,
F 20 g, KH 35 g

Limetten-Käsekuchen

MIT RICOTTA

Erfrischungsschnittchen für alle: Das Geheimnis auf dem Keksboden
heißt Ricotta und Milchmädchen

ZUTATEN

18 Stücke

400 g Butterkekse
200 g Butter
4–5 Bio-Limetten
500 g Ricotta (ital. Frischkäse)
500 g Speisequark (20 % Fett)
1 Tube Milchmädchen (gezuckerte Kondensmilch, 170 g)
100 g Zucker
6 Eier

Öl zum Ausfetten
Puderzucker zum Bestäuben
evtl. kandierte Limettenscheiben

→ Kekse portionsweise in einem Blitzhacker zerkleinern. Butter in einem Topf schmelzen und unter die zerbröselten Kekse rühren.

→ Boden einer rechteckigen Springform (34 × 23 cm) mit Öl einfetten. Butterkrümel gleichmäßig darauf verteilen und mit den Händen fest zu einem Boden andrücken. Etwa 30 Minuten kalt stellen.

→ Backofen auf 180 Grad, Umluft 160 Grad, Gas Stufe 3 vorheizen.

→ Limetten heiß abspülen, trocken tupfen und die Schale fein abreiben. Den Saft auspressen. Ricotta, Quark, Milchmädchen, Zucker, Limettenschale und 100 ml -saft verrühren.

→ Eier nach und nach unterrühren. Limetten-Quarkmasse auf den kalten Boden geben und glatt streichen. Im Ofen etwa 50 Minuten backen.

→ Herausnehmen und den Kuchen auf einem Gitter abkühlen lassen. In Stücke schneiden und kurz vor dem Servieren mit Puderzucker bestäuben. Eventuell mit kandierten Limettenscheiben verzieren.

Ohne Wartezeit fertig in
1 Stunde 20 Minuten

Pro Stück
ca. 350 kcal, E 11 g,
F 22 g, KH 27 g

Tipp

So können Sie kandierte Limettenscheiben selber machen: 100 g Zucker in
2 EL Wasser auflösen. Limettenscheiben
eintauchen und auf einem Kuchengitter
abtropfen lassen.

Käsekuchen

MIT AMARENAKIRSCHEN

Mascarpone und Schichtkäse mit in Mandellikör eingelegten Sauerkirschen
und Sirup on top. So schmeckt La Dolce Vita

ZUTATEN
12 Stücke

MÜRBETEIG
125 g Mehl (Type 550)
1 gestrichener EL Kakao
½ gestrichener TL Backpulver
40 g Zucker
1 Prise Salz
1 Ei (Größe S)
75 g kalte Butter
Mehl zum Ausrollen

FÜLLUNG
1 kleine Bio-Zitrone
1 Prise Salz
75 g Butter
125 g Mehl (Type 550)
4 Eier
500 g Schichtkäse
250 g Mascarpone
200 g Zucker
1 Glas Amarenakirschen (125 g
Abtropfgewicht)
250 g Crème fraîche

Ohne Wartezeit fertig in
2 Stunden

Pro Stück
ca. 540 kcal, E 12 g,
F 35 g, KH 50 g

FÜR DEN MÜRBETEIG

← Mehl, Backpulver, Zucker, Salz, Ei und Butter in kleinen Flöckchen zunächst mit den Knethaken des Handrührers, dann mit den Händen schnell zu einem glatten Teig verkneten. In Frischhaltefolie wickeln, für mindestens 1 Stunde kalt stellen.

← Den Backofen auf 200 Grad, Umluft 180 Grad, Gas Stufe 4 vorheizen. Teig auf wenig Mehl rund ausrollen und den Boden einer Springform (Ø 24 cm) damit auslegen. Mit einer Gabel mehrmals einstechen und im Ofen etwa 10 Minuten vorbacken. Herausnehmen und auskühlen lassen. Den Backofen auf 180 Grad, Umluft 160 Grad, Gas Stufe 3 herunterschalten.

FÜR DIE FÜLLUNG

← Zitrone heiß abspülen, trocken tupfen, die Schale fein abreiben und den Saft auspressen.

← 250 ml Wasser, Salz und Butter in einem Topf aufkochen. Vom Herd nehmen, das Mehl auf einmal zufügen und mit einem Kochlöffel kräftig zu einem glatten Teig verrühren. Topf zurück auf den Herd stellen und den Teig so lange rühren, bis er sich als glatter Kloß vom Topfboden löst. Wieder vom Herd nehmen, in eine Schüssel umfüllen, kurz abkühlen lassen, dann ein Ei unterrühren.

← Schichtkäse, Marcarpone, 175 g Zucker, Zitronensaft und restliche Eier mit den Quirlen des Handrührers cremig rühren. Abgekühlten Teig nach und nach unter die Quarkmasse rühren. Amarenakirschen abtropfen lassen, dabei den Sirup auffangen. Kirschen und 1 EL Amarenasirup auf den ausgekühlten Boden verteilen. Quarkmasse daraufgeben und etwa 1 Stunde backen. Herausnehmen und auf einem Kuchengitter in der Form vollständig abkühlen lassen. Crème fraîche, 1–2 TL Zitronenschale und restlichen Zucker verrühren. Kurz vor dem Servieren die Creme auf den Kuchen geben. Wellenartig darauf verstreichen und mit 3 EL Amarenasirup beträufeln.

Tipp

Die Creme erst kurz vor dem Servieren
auf den Kuchen geben.
Wellenartig darauf verstreichen und
mit 3 EL Amarenasirup beträufeln.

Käsekuchen-Blaubeer-Muffins

Fingerfood für das Kuchenbuffet: Die feinen Kleinen werden direkt
von der Hand in den Mund vernascht

ZUTATEN

etwa 15 Muffins

125 g Blaubeeren (Heidelbeeren,
evtl. TK)
125 g weiche Butter
175 g Zucker
3 Eier
½ EL Dinkelmehl
½ TL Backpulver
1 Päckchen Vanillepuddingpulver
(40 g)
50 g Speisequark (20 % Fett)
150 g griechischen Sahnejoghurt
zum Verzieren

▸ Butter und Zucker mit den Quirlen des Handrührers etwa
5 Minuten cremig rühren. Eier, Dinkelmehl, Backpulver und
Puddingpulver mit einem Schneebesen glatt rühren. Zur Zucker-
masse geben und verrühren. Quark vorsichtig unterheben.

▸ Backofen auf 180 Grad, Umluft 160 Grad, Gas Stufe 3 vorheizen.

▸ Muffinblech gründlich ausfetten oder mit Papiermanschetten
auskleiden.

▸ Blaubeeren in den Formen verteilen, Quarkmasse daraufgeben und glatt streichen.

▸ Im Ofen auf der untersten Schiene etwa 30 Minuten backen.
Ofen ausschalten und die Muffins noch etwa 15 Minuten darin
stehen lassen, dann auf einem Kuchengitter in der Form vollständig abkühlen lassen.

▸ Mit je einem Teelöffel Sahnejoghurt und ein paar Beeren verzieren.

 Ohne Wartezeit fertig in
1 Stunde

 Pro Stück
ca. 158 kcal, E 2 g,
F 10 g, KH 15 g

Aprikosen-Käsekuchen

Für die große Runde: Ein ganzes Blech voll Sonnenschein macht
viele Kaffeegäste rundum glücklich

ZUTATEN
etwa 20 Stücke

TEIG
100 g weiche Butter
200 g Zucker
3 Eier
375 g Mehl
1 Päckchen Backpulver

BELAG
1 Dosen Aprikosen (Abtropfgewicht 465 g)
4 Eier
200 g Zucker
1 Päckchen Vanillezucker
1 kg Magerquark
150 ml Öl
Fett für das Blech

— Backofen auf 180 Grad, Umluft 160 Grad, Gas Stufe 3 vorheizen.

FÜR DEN TEIG

— Butter, Zucker und Eier mit den Quirlen des Handrührers
schaumig schlagen. Mehl und Backpulver mischen und unterrühren. Teig gleichmäßig in die gefettete Fettpfanne des Backofens
(32 × 32 cm, eventuell einen flexiblen Backrahmen darumsetzen)
streichen.

FÜR DEN BELAG

— Aprikosen in einem Sieb abtropfen lassen. Eier trennen. Eigelbe, Zucker und Vanillezucker mit den Quirlen des Handrührers
schaumig aufschlagen, dann Quark und Öl dazugeben und unterrühren. Eiweiß steif schlagen und unter die Quarkmasse ziehen.
Quarkcreme auf dem Teig verstreichen.

— Aprikosenhälften auf der Quarkmasse verteilen und den Kuchen etwa 45 Minuten backen, eventuell nach 30 Minuten Backzeit mit Backpapier abdecken, damit der Kuchen nicht zu dunkel
wird. Abkühlen lassen, in Stücke schneiden und servieren.

Fertig in
1 Stunde 10 Minuten

Pro Stück
ca. 340 kcal, E 12 g,
F 15 g, KH 40 g

Schwedischer Käsekuchen

MIT BEEREN

Ein Mitsommernachtstraum: Marzipan-Mürbeteig mit weißem
Schoko-Frischkäse und Beeren satt

ZUTATEN
16 Stücke

MÜRBETEIG

125 g Marzipan-Rohmasse
125 g kalte Butter
1 Ei
210 g Mehl
1 Prise Salz
Mehl zum Ausrollen
getrocknete Hülsenfrüchte
zum Blindbacken

BELAG

120 g weiße Schokolade
1 Bio-Zitrone
600 g Doppelrahmfrischkäse
60 g Zucker
3 Eier

DEKO

200 g frische Beeren der Saison
(z. B. Brombeeren, Himbeeren,
Heidelbeeren)
etwas Puderzucker zum
Besteuben

 Ohne Wartezeit fertig in
1 Stunde 30 Minuten

 Pro Stück
ca. 355 kcal, E 9 g,
F 25 g, KH 23 g

FÜR DEN MÜRBETEIG

— Alle Zutaten für den Teig zuerst mit den Knethaken des Handrührers, dann mit den Händen zu einem glatten Teig verkneten.
Teig in Folie gewickelt für 1 Stunde in den Kühlschrank stellen.

— Teig auf wenig Mehl oder zwischen Folie rund ausrollen (Ø 30 cm),
eine Springform (Ø 26 cm) damit auslegen. Teig an den Seiten
etwa 3 cm hoch zu einem Rand formen und gut andrücken. Form
für ca. 10 Minuten in den Tiefkühler stellen.

— Backofen auf 180 Grad, Umluft 160 Grad, Gas Stufe 3 vorheizen.
Teigboden mit Backpapier auslegen und bis zum Teigrand mit
Hülsenfrüchten füllen. Im Ofen 12–13 Minuten vorbacken. Hülsenfrüchte und Papier entfernen und den Boden nochmal 5 Minuten
goldbraun backen. Aus dem Ofen nehmen und auf einem Kuchengitter auskühlen lassen.

FÜR DEN BELAG

— Schokolade zerbröckeln und über dem heißen Wasserbad
schmelzen. Zitrone heiß abspülen, trocken tupfen und die Schale
fein abreiben. Zitronensaft auspressen.

— Frischkäse und Zucker verrühren, Eier nach und nach unterrühren. Zuerst etwas Frischkäsecreme unter die Schokolade rühren, dann alles mit der restlichen Frischkäsecreme verrühren.
Zitronensaft und -schale unterrühren.

— Backofen auf 160 Grad, Umluft 140 Grad, Gas Stufe 2 herunterschalten.

— Frischkäsecreme gleichmäßig auf dem vorgebackenen Boden
verteilen und weitere 30–35 Minuten im Ofen backen.

— Kuchen abkühlen lassen und aus der Form lösen. Beeren verlesen, eventuell abspülen und auf Küchenkrepp abtropfen lassen
und auf dem Kuchen verteilen.

Tipp

Den Teig unbedingt mit Backpapier
und Hülsenfrüchten vorbacken.
Denn beim Backen wird das Fett im
Teig weicher und der geformte Rand
würde sonst zusammenrutschen.
Die Hülsenfrüchte drücken den
Teig von innen gegen den Formrand –
so bleibt er, wo er ist.

Mango-Kokos-Frischkäse-Kuchen

Ein erfrischender Exot! Und der Ofen hat mal hitzefrei, dafür kommt der Kuchen in den Kühlschrank

ZUTATEN

8 Stücke

100 g Löffelbiskuits
3 EL Kokosraspeln
80 g Butter
1 Bio-Limette
500 g Mango (aus der Dose)
200 g Doppelrahmfrischkäse
1 EL Zucker
1 ½ TL Agar-Agar-Pulver (pflanz. Geliermittel, Bio-Supermarkt)
200 g Kokosmilch

►— Löffelbiskuits fein zerbröseln, mit Kokosraspeln mischen. Butter schmelzen und mit den Bröseln vermengen. Butterbrösel auf dem Boden einer Springform (Ø 20–22 cm) verteilen und mit den Händen gut andrücken, sodass ein fester Boden entsteht. Für etwa 30 Minuten in den Kühlschrank stellen.

►— Limette heiß abspülen, trocken tupfen, die Schale fein abreiben und den Saft auspressen. Mangos abgießen und würfeln.

►— Frischkäse, Limettenschale und Zucker verrühren. 1 TL Agar-Agar und 6 EL Kokosmilch etwa 2 Minuten bei kleiner Hitze kochen lassen. Die heiße Mischung unter ständigem Rühren zum Frischkäse geben. Zusammen mit 250 g Mangowürfeln unter die Frischkäsecreme heben.

►— Die Mangocreme auf den Bröselboden geben, glatt streichen und kalt stellen.

►— Restliche Mangos mit dem Stabmixer fein pürieren. Restliches Agar-Agar, 3 EL Mangopüree und Limettensaft etwa 2 Minuten bei kleiner Hitze kochen lassen. Unter Rühren zum restlichen Mangopüree geben. Sofort auf den Kuchen gießen und glatt streichen.

►— Für etwa 4 Stunden kalt stellen. Aus der Form lösen und auf einer Platte servieren.

 Ohne Wartezeit fertig in 40 Minuten

 Pro Stück
ca. 335 kcal, E 6 g,
F 25 g, KH 20 g

Kastenkuchen

Sie sind quadratisch, praktisch und einfach
großartig! Denn die lockeren, saftigen
Klassiker bekommen Sie supersimpel
gebacken, und alle haben das gewisse Etwas:
mal mit Schokolade, mit Marzipan und
Orange, mal mit Zitrone oder Mandeln. Diese
Kuchen lieben Groß und Klein – und nach
dem ersten Stück werden alle betteln: Kann
ich noch eins, bitte!

Marmorkuchen

Ganz egal, welches Muster Ihr Kunstwerk bekommt – jedes Stück ist ein Unikat und schmeckt einfach umwerfend

ZUTATEN

14 Stücke

100 g Zartbitter-Kuvertüre
250 g zimmerwarme Butter
250 g feiner Zucker
1 Päckchen Vanillezucker
1 Prise Salz
4 zimmerwarme Eier (Kl. M)
250 g Mehl
50 g Speisestärke
2 TL Weinstein-Backpulver
150 ml Schlagsahne
100 g Kuchenglasur
50 g Zartbitter-Kuvertüre

— Backofen auf 180 Grad, Umluft 160 Grad, Gas Stufe 2 vorheizen.

— Kuvertüre hacken und über einem nicht zu heißen Wasserbad schmelzen. Abkühlen lassen. Kastenform (24 cm Länge) mit Backpapier auslegen.

— Butter mit Zucker, Vanillezucker und 1 Prise Salz mit den Quirlen des Handrührers in 10 Minuten weißschaumig aufschlagen. Nach und nach die Eier zugeben und gut unterrühren. Mehl, Stärke und Backpulver mischen, sieben und nach und nach abwechselnd mit der Sahne zur Buttermasse geben. Nur kurz untermengen.

— Teig in zwei gleichgroße Portionen teilen und Kuvertüre unter einen Teil rühren. Vanille- und Schokoteig löffelweise einfüllen und die Teige in der Form mit einer Gabel marmorieren. Im vorgeheizten Backofen auf der zweiten Schiene von unten 50–60 Minuten backen. Nach Bedarf mit Backpapier abdecken, wenn der Kuchen zu dunkel wird.

— Marmorkuchen in der Form auf einem Kuchengitter 10 Minuten abkühlen. Aus der Form stürzen und auskühlen lassen.

— Kuchenglasur und Kuvertüre hacken und in einer Schüssel über einem nicht zu heißen Wasserbad schmelzen. Den Kuchen damit überziehen, trocknen lassen.

Fertig in 50 Minuten
plus Backzeit 60 Minuten

Pro Stück
ca. 550 kcal, E 7 g,
F 26 g, KH 74 g

Orangen-Marzipan-Kuchen

Wer keine Marzipankugeln möchte, kann den lockeren Grießkuchen auch mit kandierten Orangenscheiben dekorieren

ZUTATEN

12 Stücke

200 g Marzipan-Rohmasse
250 g weiche Butter
200 g Zucker
1 Päckchen Vanillezucker
1 Prise Salz
4 Eier
2 Bio-Orangen
250 g Mehl
75 g Weichweizengrieß
3 TL Weinstein-Backpulver

Fett und Mehl für die Form
Marzipankugeln, Orangenzesten
und Puderzucker zum Verzieren

━ Backofen auf 180 Grad, Umluft 160, Gas Stufe 3 vorheizen.

━ Marzipan fein reiben. Weiche Butter, Zucker, Vanillezucker und Salz mit den Quirlen des Handrührers schaumig schlagen. Die Eier nacheinander unterrühren und das Marzipan zufügen. Orangen heiß abspülen und trocken tupfen. Die Schale von 1 Orange fein abreiben und den Saft beider Orangen auspressen. Mehl, Grieß, Backpulver, Orangenschale und 4 EL Orangensaft unter die Marzipanmasse rühren.

━ Eine Kastenform fetten und mit Mehl ausstreuen. Teig einfüllen, glatt streichen und im Ofen etwa 45–50 Minuten backen.

━ Aus dem Ofen nehmen und die Oberfläche des Kuchens sofort mit einer Gabel leicht einstechen und den restlichen Orangensaft darübergießen. Kuchen mit einem Messer vom Rand lösen und auf einem Gitter auskühlen lassen.

━ Mit Puderzucker bestäuben und mit Marzipankugeln und Orangenzesten verzieren.

 Ohne Wartezeit fertig in
1 Stunde

 Pro Stück
ca. 550 kcal, E 7 g,
F 26 g, KH 74 g

Carrot Cake

Herrlich saftig mit geraspelten Möhren und Mandeln. Am besten zwei bis drei Tage im Kühlschrank durchziehen lassen

ZUTATEN

12 Stücke

250 g Möhren
1 Bio-Zitrone
4 Eier
250 g brauner Zucker
80 g Mehl
200 g ungeschälte, gemahlene Mandeln
2 TL Natron
¼ TL Salz
1 TL Zimtpulver
Mehl und Fett für die Form

FRISCHKÄSE-TOPPING

120 g Puderzucker
75 g weiche Butter
125 g zimmerwarmer Doppelrahmfrischkäse
1 Prise feines Meersalz
evtl. Chili, Kokos, Minze zum Abschmecken

— Backofen auf 180 Grad, Umluft 160 Grad, Gas Stufe 3 vorheizen.

— Möhren schälen und auf einer Küchenreibe fein raspeln. Zitrone heiß abspülen, trocken tupfen und die Schale fein abreiben. 2 Eier trennen und das Eiweiß kalt stellen. Eigelbe, restliche Eier und Zucker mit den Quirlen des Handrührers dickcremig aufschlagen.

— Mehl, Mandeln, Natron, Salz und Zimt mischen, zusammen mit der Zitronenschale und den Möhren unter die Eicreme rühren. Eiweiß steif schlagen und unterheben. Teig in zwei kleine gefettete und mit Mehl ausgestreute Kastenformen (à 13 cm Länge) füllen und etwa 40 Minuten backen. Die Kuchen noch etwa 10 Minuten im ausgeschalteten Ofen bei geöffneter Ofentür nachziehen lassen, dann aus der Form nehmen und auf einem Rost abkühlen lassen.

FÜR DAS FRISCHKÄSE-TOPPING

— Puderzucker sieben. Mit Butter, Frischkäse und Salz mit den Quirlen des Handrührers zu einer glatten Creme verrühren. Nach Belieben mit Chili, Kokos, Minze o. Ä. abschmecken und ca. 30 Minuten kalt stellen. Die erkalteten Kuchen damit einstreichen.

 Ohne Wartezeit fertig in
1 Stunde 20 Minuten

 Pro Stück
ca. 350 kcal, E 8 g,
F 20 g, KH 36 g

Torta di Mandorle

Der italienische Mandelkuchen ist ein echter Klassiker. Schmeckt aber auch mit gemahlenen Haselnüssen

ZUTATEN
12 Stücke

6 Eier (Kl. M)
1 Bio-Zitrone
150 g Zucker
1 Päckchen Vanillezucker
70 g Mehl
1 TL Backpulver
1 Prise Salz
150 g gemahlene Mandeln
Fett und Mehl für die Form
2 EL Aprikosenkonfitüre
Mandelblättchen zum Bestreuen
Puderzucker zu Bestäuben

➤ Backofen auf 180 Grad, Umluft 160 Grad, Gas Stufe 3 vorheizen.

➤ Eier trennen, das Eiweiß kalt stellen. Zitrone heiß abspülen, trocken tupfen und die Schale fein abreiben.

➤ Eigelbe, Zucker und Vanillezucker mit den Quirlen des Handrührers dickcremig aufschlagen. Mehl, Backpulver, Salz und gemahlene Mandeln mischen und zusammen mit der Zitronenschale unter die Eigelb-Zucker-Mischung rühren.

➤ Eiweiß und 1 Spritzer Zitronensaft zusammen steif schlagen. Eischnee vorsichtig unter den Teig heben. Teig in eine gefettete und mit Mehl ausgestreute Kastenform füllen und im Ofen etwa 40 Minuten backen.

➤ Herausnehmen und auf einem Kuchengitter vollständig abkühlen lassen. Kuchen mit erwärmter, glatt gerührter Konfitüre bestreichen und mit Mandelblättchen bestreuen. Den Rand mit Puderzucker bestäuben.

Fertig in 1 Stunde

Pro Stück
ca. 145 kcal, E 5 g,
F 8 g, KH 14 g

Babka-Kuchen

Lockerer Hefeteig mit weißer Schokolade und Himbeeren gefüllt.
Der gelingt jedem und schmeckt allen. Garantiert!

ZUTATEN

12 Stücke

425 g Dinkelmehl (Type 630)
½ Würfel (21 g) frische Hefe
100 g Zucker
100 ml lauwarme Milch
1 Ei (Kl. M)
1 Eigelb
Meersalz
1 Päckchen Vanillezucker
110 g weiche Butter
100 g weiße Schokolade
150 g TK-Himbeeren
1 Prise Salz

 Ohne Wartezeit fertig in
1 Stunde 40 Minuten

 Pro Stück
ca. 300 kcal, E 7 g,
F 13 g, KH 39 g

 Dazu passt Crème
fraîche oder Schmand

— 350 g Mehl in eine Schüssel geben und eine Mulde hineindrücken. Die Hefe hineinbröckeln und 1 TL vom Zucker und 4–5 EL lauwarme Milch zugeben. Die Mischung mit einer Gabel und etwas Mehl vom Rand zu einem dickflüssigen Vorteig verrühren. Etwas Mehl darüberstäuben und abgedeckt an einem warmen Ort etwa 20 Minuten gehen lassen, bis der Vorteig blasig aufgegangen ist.

— Restliche warme Milch, 50 g Zucker, Ei, Eigelb, ½ TL Salz, Vanillezucker und 70 g Butter zum Vorteig geben. Alles zunächst mit den Knethaken des Handrührers, dann mit den Händen zu einem glatten Teig verkneten. Den Teig nochmals abgedeckt an einem warmen Ort etwa 45 Minuten gehen lassen, bis sich das Volumen verdoppelt hat.

— Schokolade fein hacken. Himbeeren auftauen lassen.

— Teig mit den Händen nochmals kurz durchkneten und auf einer bemehlten Arbeitsfläche zu einem Rechteck (etwa 30 × 45 cm) ausrollen. Schokolade und Himbeeren daraufstreuen, dabei rundherum einen 2 cm breiten Rand frei lassen. Den Teig mit der Füllung von der Längsseite her sehr fest aufrollen und den Teigstrang wie eine 8 verdrehen. In eine mit Backpapier ausgelegte Kastenform (etwa 30 cm Länge) geben. Abgedeckt an einem warmen Ort nochmals etwa 30 Minuten gehen lassen.

— Backofen auf 180 Grad, Umluft 160, Gas Stufe 3 vorheizen.

— Für die Streusel restliches Mehl, 50 g Zucker und 1 Prise Salz in einer Schüssel mischen. Restliche Butter in Flöckchen zugeben und zügig mit den Händen zu Streuseln verkneten. Streusel gleichmäßig auf dem Kuchen verteilen. Im Ofen auf der untersten Schiene etwa 50–60 Minuten goldbraun backen, eventuell den Kuchen mit Backpapier abdecken, damit er nicht zu dunkel wird.

— Den Kuchen auf einem Kuchengitter etwas abkühlen lassen, aus der Form stürzen, das Backpapier abziehen und den Kuchen vollständig abkühlen lassen.

Zitronenkuchen

Saft und Schale machen den Kuchen doppelt zitrusfrisch – und zur Krönung
gibt's Zitronenguss on top

ZUTATEN

12 Stücke

2 Bio-Zitronen
220 g weiche Butter
200 g Zucker
1 Prise Salz
5 Eier
300 g Mehl
60 g Speisestärke
3 TL Backpulver
100 g Crème fraîche

Fett und Mehl für die Form

VERZIERUNG

150 g Puderzucker
3 EL Zitronensaft
Kandierte Zitronenscheiben
oder Zesten von einer Zitrone

⟶ Den Backofen auf 170 Grad, Umluft 160 Grad, Gas Stufe 2
vorheizen.

⟶ Für den Rührteig die Zitronen heiß abwaschen, die Schale fein
abreiben und 8 EL Saft auspressen. Butter, Zucker und 1 Prise
Salz mit den Quirlen des Handrührers oder in einer Küchen-
maschine 10 Minuten cremig weißlich aufschlagen. Eier nacheinander zugeben und gründlich unterrühren. Mehl, Speisestärke
und Backpulver mischen und sieben. Zitronenschale, 5 EL Zitronensaft und Crème fraîche verrühren und abwechselnd mit dem
Mehl unter die Buttermasse heben.

⟶ Eine Kastenform (25 cm) gut fetten und mit Mehl ausstäuben.
Den Teig einfüllen und im vorgeheizten Backofen auf der mittleren Schiene 1 Stunde 10 Minuten bis 1 Stunde 20 Minuten
backen. Den Kuchen nach 40 Minuten abdecken. Den fertigen
Kuchen ca. 10 Minuten in der Form ruhen lassen. Kuchen auf
ein Kuchengitter stürzen und auskühlen lassen.

⟶ 1 EL Puderzucker beiseitestellen. Restlichen Puderzucker mit
2–3 EL Zitronensaft glatt rühren und über den Kuchen geben.
Wenn der Guss fest ist, den restlichen Puderzucker in ein feines
Sieb geben und über den Kuchen stäuben.

⟶ Nach Belieben mit kandierten Zitronenscheiben oder Zitro-
nenzesten dekorieren.

Ohne Wartezeit fertig in
1 Stunde 40 Minuten

Pro Portion
ca. 435 kcal, E 6 g,
F 21 g, KH 53 g

Was Sie wissen sollten

Von mürbe und knusprig bis locker und saftig –
der richtige Teig und seine Zubereitung bilden die
Grundlage perfekter Kuchen und Torten.
Alles über beliebte Teige und ihre Besonderheiten,
plus Tipps und Tricks

Who is who?
Die wichtigsten Teige

Bei **Rührteig** ist der Name Programm: Denn erst durch langes und kräftiges Rühren verbinden sich die Zutaten optimal. Die Basis dafür sind Fett, Zucker und Eier sowie Mehl und Backpulver. Letzteres kann man weglassen, es genügt die Triebkraft mehrerer Eier, um den Kuchen schön locker zu machen. Fett und Zucker sollten lange und kräftig gerührt werden, bis der Zucker gelöst und die Masse weißschaumig ist. Die Eier werden einzeln nacheinander gründlich untergerührt. Das Mehl dann langsamer und nur so lange, bis es gerade untergearbeitet ist. Mit Nüssen, Schokolade, Zitronenschale oder Gewürzen kommt Abwechslung in den Teig. Der Teig sollte dann rasch in die Form und in den Ofen kommen, sonst treibt das Backpulver zu früh und der Kuchen geht nicht richtig auf.

Wichtig Alle Zutaten sollten Zimmertemperatur haben, dann verbinden sie sich optimal und der Kuchen wird schön locker und luftig.

Mürbeteig ist leicht und schnell zubereitet und gelingt mit der simplen 1-2-3 Formel garantiert. Sie verrät das Verhältnis seiner Grundzutaten: ein Teil Zucker, zwei Teile Butter und drei Teile Mehl werden nur rasch verknetet, zuerst mit den Knethaken des Handrührers, am Ende mit kühlen Händen. Zum Ruhen gehört er für mindestens eine halbe Stunde in den Kühlschrank und kann dort sogar ein paar Tage bleiben, lässt sich also prima vorbereiten.

Wichtig Damit der Teig beim Backen schön flach bleibt, am Boden mehrfach mit der Gabel einstechen, sodass die heiße Luft entweichen kann.

Der luftig-leichte **Biskuit** wird mit reichlich Eiern, entweder mit ganzen oder getrennten, und fast immer ohne Fett hergestellt. Je nach Rezept kommen Wasser und Backpulver dazu, so lässt sich die Eimenge reduzieren. Wenn Speisestärke ein Teil des Mehls ersetzt, wird der Biskuit feinporiger. Nach besonderer Methode und mit Fett zubereitet ist die »Wiener Masse« ideal als Tortenboden, Baum- und feiner Sandkuchen. So wird das Gebäck besonders saftig und bleibt länger frisch. Eier und Zucker werden dazu im heißen Wasserbad aufgeschlagen. So bekommt die Schaummasse einen guten Stand. Nachdem die Masse wieder kaltgeschlagen und dickcremig ist, werden Mehl und Speisestärke darüber gesiebt und geschmolzene Butter untergezogen.

Wichtig Mehl oder Nüsse immer von Hand unterheben, sonst entweicht die eingerührte Luft und der Biskuit wird nicht locker. Nach der Zubereitung muss der Teig schnell in den vorgeheizten Ofen, sonst fällt er zusammen. Damit der Kuchen gleichmäßig aufgeht, darf der Backformrand nicht gefettet werden.

Drei Dinge braucht der **Hefeteig**: viel Liebe, etwas Wärme und Zeit. Dazu wird frische Hefe mit etwas Zucker und Mehl in lauwarmes Wasser oder Milch gebröckelt, unter Rühren aufgelöst und stehen gelassen, bis sich kleine Bläschen bilden. Eine gute Alternative ist die länger haltbare Trockenhefe. Dann werden die anderen Zutaten mit der Hefemischung zu einem glatten Teig verknetet und regelrecht geschlagen, nur so wird der Teig schön locker und feinporig. Zum Ruhen stellen ihn Eilige abgedeckt in den warmen Backofen oder auf die Heizung, wer viel Zeit hat, kann den Teig auch über Nacht im Kühlschrank gehen lassen.

Wichtig Alle Zutaten sollten Zimmertemperatur haben. Bei 37 Grad ist Hefe besonders aktiv und vermehrt sich dann am schnellsten. Dabei entsteht Kohlensäure, die den Teig auftreibt. Bei Kälte verfällt Hefe in eine Art Winterschlaf, Hitze macht ihr den Garaus und sie darf nicht direkt mit Fett in Berührung kommen. Denn von einem Fettfilm umhüllt, kann sie nicht wachsen.

Brandteig ist anders als andere Teige, vor allem in der Zubereitung: Wasser oder Milch werden mit Butter in einem Topf aufgekocht und mit Mehl zu einem festen Kloß gerührt, wobei sich eine weiße Schicht am Topfboden bildet. Diesen Vorgang nennt man »Abbrennen«. Anschließend werden die Eier einzeln untergerührt. Am Ende sollte der Teig zäh und glänzend sein, lässt sich mit zwei Löffeln oder mit einem Spritzbeutel auf das Backblech bringen und sollte dann sofort in den Ofen.

Wichtig Jedes Ei erst vollständig unterrühren, bevor das nächste zugegeben wird. Damit der Brandteig beim Aufgehen nicht gestört wird, den Ofen erst kurz vor Ende der Backzeit öffnen. Zum Abkühlen das Gebäck am besten auf Gitterroste setzen und eventuell schon aufschneiden, dann verdampft die Hitze besser und das Gebäck wird nicht feucht. Ungefüllt lässt sich Brandteig prima einfrieren.

Edel Books
Ein Verlag der Edel Germany GmbH

Copyright © 2014 Edel Germany GmbH,
Neumühlen 17, 22763 Hamburg
www.edel.com
1. Auflage 2014

BRIGITTE Kochbuch-Edition ist eine Marke der Zeitschrift BRIGITTE
– Alle Rechte vorbehalten –

Alle Rezepte stammen aus der BRIGITTE.
Chefredakteurin BRIGITTE: Brigitte Huber
Stellvertretende Chefredakteurinnen: Claudia Hohlweg (Art), Claudia Münster

Projektleitung und Koordination: Jelena Jenzsch (BRIGITTE), Constanze Gölz (Edel)
Rezepte (Produktion und Foodstyling): BRIGITTE Kochressort
Rezeptauswahl: Antje Klein, Constanze Gölz, Julia Sommer
Texte: Antje Klein
Textlektorat: Claudia Münster
Lektorat und Redaktion: Constanze Gölz, Julia Sommer
Korrektorat: Brigitte Hamerski
Fotografien im Innenteil: Thomas Neckermann mit Ausnahme der Seite 137
von Wolfgang Schardt
Coverfotografien: Wolfang Schardt mit Anne-Katrin Weber (Foodstyling) und
Maria Grossmann (Styling)
Layout, Satz und Covergestaltung: Lars Hammer und Carolin Beck für
Groothuis. Gesellschaft der Ideen und Passionen mbH, Hamburg | www.groothuis.de
Lithografie: edelweiß publish, Hamburg (Innenteil) und Frische Grafik, Hamburg (Cover)
Druck und Bindung: optimal media GmbH, Glienholzweg 7
17207 Röbel/Müritz

PEFC
PEFC/04-31-1846

PEFC zertifiziert

Dieses Produkt
stammt aus
nachhaltig
bewirtschafteten
Wäldern und
kontrollierten
Quellen
www.pefc.org

Printed in Germany
ISBN 978-3-8419-0294-8